My Father's Village
Il Paese di Mio Padre

Norman Thomas di Giovanni

CW01498707

Introduction by Paul Theroux
Photographs by Ken Griffiths
Edited by Susan Ashe

To the people of Sant'Eusanio, to Ken and Norman's long friendship, and, above all, to Norman for my first unforgettable time in Italy 43 years ago, and the rough and the smooth of the years since, especially the rough, for it was then that we needed each other the most

Susan

Introduction
  Paul Theroux

In England, a country Norman Thomas di Giovanni knew well, as a long time resident-alien, there is an odd comic phenomenon called a pantomime horse. This is a baggy thing, more asinine than equine, a papier-mâché horse's head on one end, with dangling forelegs, a plume of tail and hind legs shuffling on the other end, and in between at belly level a visible twisting. Inside the costume are two people, clinging, keeping the horse in motion, sometimes jostling at cross-purposes, at other times wonderfully synchronized and horse-like.

A version of that horse went under the name of Borges for many years, Jorge Luis at the front end, Norman Thomas at the back end; and this was how Norman Thomas di Giovanni spent much of the active part of his life, with his arms around Borges, vitalizing him, for a reading public bewitched by his stories – 34 of them, the man's entire fictional output, all translated by Norman.

I just thought of this pantomime horse image, and I'm sorry Norman is not around for me to share it with – it would have made him laugh. Over more than thirty years we were constantly in touch, first by letter and then email. It was clear from early on that we had much in common. As Norman describes in *My Father's Village* he was born and brought up in an Italian community called Thompsonville, just outside Boston. This was an area I knew as Newton, having been born and raised nearby in Medford – our high schools competed in sports, I played on our soccer team against Norman's school – though Norman was eight years older than me, and was probably conjugating irregular verbs at Antioch College when I was kicking the soccer ball for the Medford Mustangs.

In *Tillie and the Tailor*, a wonderfully evocative memoir of a young man separating himself from home to realize his ambition to become a writer, Norman describes his experience living in a small apartment, in Boston's North End. I knew that world of feast days and food – statues of saints paraded through the narrow streets and pinned with dollar bills, the aroma of fresh basil and simmering tomatoes in the air. My maternal grandparents, who had emigrated from Italy, ended up in Medford, where my grandfather was a tailor, and the North End was a solid enclave of proud and patriotic Italians. I studied Italian in high school, my first job out of college was in Italy – Urbino – as a teacher.

And other correspondences – my first reading of Borges and seeing Norman's remarkable name as translator; Norman's befriending V S Naipaul in Buenos Aires in the early 1970s. I had met and become friends with Naipaul in Uganda a few years earlier, and when Naipaul introduced me to his lover, Margaret, she mentioned how Norman had helped bring them together and acted as go-between.

My relationship with Naipaul was as complex as Norman's with Borges, and when I came to write *Sir Vidia's Shadow*, Norman – with his Borges experience – proved to be a shrewd analyst of the ups and downs of literary friendship.

Borges was known to Spanish readers, but the Borges that English readers know is less a straight translation than the intimate back-and-forth between Borges and Norman described in *The Lesson of the Master*, the two men working together, seated at a massive table in the National Library in Buenos Aires. Often Borges enlarged his original text, with Norman's encouragement, debating the right word to use, and at times in this passionate partnership not so much translating a poem as creating a new one. Borges expressed his gratitude in making Norman part of his small entourage.

In the beginning it was just Borges and the thirty-four-year-old Norman; then, for a while, during Borges' short and disastrous marriage to Elsa Astete Millan, Norman served as companion, counsellor, referee and factotum, travelling with the couple in an atmosphere, first of hilarity, then drama, then rancour and finally desperation. This Norman chronicled in *Georgie and Elsa* a small masterpiece – in many respects a farce, but given Borges' usual detumescence, not a bedroom farce.

Norman was evicted from the world of Borges after the great man's death, his contracts voided. This was a pity, but worse than that, it did violence to Borges' work. In the hubbub and backbiting, Norman offers a clue as to why his collaboration with Borges was a success, and why the retranslations are poor. 'To us,' he writes, 'words immediately suggested by the Spanish should be avoided. Spanish *oscuro* should not be translated as 'obscure' – and *habitacion* had to be 'room,' not habitation, and *rigido* not rigid but stiff. Borges who prided himself on knowing Anglo-Saxon, preferred Saxon roots to Latinate ones. This infused the lisping Spanish poems with a stony Englishness that is one of the hallmarks of Norman's translations, now banned.

With so much in common, Norman and I remained close friends – never a cross word! He was the best friend a writer could have – learned, well-read, an impressive linguist, a resourceful translator, an imaginative writer, widely travelled, very funny, and like me he was by nature restless, odd man out (socialist, Protestant), a committed alien.

17

The significant difference was that in his restlessness and roving, Norman remained an exile; and I went happily home. This is the essence of *My Father's Village*, a luminous crystal of a work, which sheds light – at least for me – on Norman's inner life. He seemed to me a man at home in the world, but what this book shows is that he was someone who was yearning for a real home, and found it, in his ancestral village, as he describes it here.

'I am Poldino's son,' he tells the postmistress, on his first visit, and within minutes he is welcomed and celebrated, 'È *venuto il figlio di Poldino ...* Poldino's son is here,' and the cry is taken up.

'I could not contain my emotion,' Norman continues. 'Never before in my life, never since, have I been so utterly overwhelmed, so struck to the root ... My tears would not stop. After a minute or two – a moment, an aeon – a little woman came running towards me. She was crying; I was crying. There among the sullen, tumbledown stones of Sant'Eusanio I had reconnected with a past I never knew.'

Years then pass, the decades shadowed forth in this narrative, and with them a growing acquaintance with the village, its peculiar language, its delicious food, its habits and crotchets, until in familial intimacy and gratitude, the alien at last finds a home.

My Father's Village
Norman Thomas di Giovanni

We keep tinkering with the past, trying to get a handle on it, sifting and weighing events to make them manageable, penetrable, open to understanding. And so with our family histories, which we are for ever revisiting, fathoming, and simplifying.

The story of my family, in a nutshell, is this. Guy Johnson, my father's father, left the Abruzzo region of Italy for Boston early in the last century. There, in 1909, my father was born; there, in due course, so was I. My grandfather was Gaetano Di Giovanni; Guy Johnson, a close enough translation, was the name America gave him. He died of cirrhosis of the liver when I was twelve and he was but sixty-five. I remember him as gasping and asthmatic, violent, argumentative, difficult. He had fallen out with my father and, having liked his drink, had long since fallen out with my grandmother. Around 1913, she left him, returning to Italy with my father and his two younger sisters.

The tale is rich in its turns and details. Divorce was unthinkable at that time in that place. My grandparents simply parted company, never saw each other again, and died an ocean – and worlds – apart. As if a widow, Concetta Pasquantonio returned to Guy Johnson's house in Sant'Eusanio Forconese, a medieval village of stone hovels, some twenty or thirty miles from her own birthplace in the hillside town of Ofena. In Sant'Eusanio she was known – and is remembered to this day – as *l'ufanesa*, local dialect for the woman from Ofena. It was Guy Johnson's fate to become a lodger in the house of Concetta's sister, in a corner of Newton, Massachusetts, known as Thompsonville. Thompsonville, where I grew up, was a kind of ghetto of Italian immigrants, mainly Abruzzesi from a scattering of villages in the mountain province of L'Aquila.

The central fact of our lives – my grandmother's, my father's, mine – is that we were not Roman Catholics. Somewhere along the line, according to family tradition, a member of our immediate clan, bedridden with a long illness, one day began to read the Bible. Mornings his cot would be manhandled to the window, where he would talk to neighbours and passers-by, posing questions, arguing, haranguing, preaching. He must have been persuasive, for he soon had a following; in fact, he must have been silver-tongued, for he began making converts, and, at some point, a professional, a real Protestant pastor, had to be called in to take over. Most likely this took place in Ofena, when Concetta was a girl. Protestants, called *evangelisti*, are scarce as hen's teeth in Italy, where they are rarer than Jews.

Concetta herself was no slouch. According to Guy Johnson she could best anyone with her tongue and she never lost an argument. At some point, Concetta also became a Socialist and a Republican. Such a position was but one step on from her evangelical beliefs. Protestantism in Italy is a combative stance – anti-Rome, anti-authoritarian. She was outspoken, an advocate of social justice, a lifelong defender of the poor and helpless. She had risen up, in short, against the evildoers, against all the workers of iniquity. I imagine she would have considered Jesus Christ the first Socialist. Those were the days, before Communism hived off, when Socialism implied strict militancy. Despite her unpopular views, Concetta, with her sense of fair play, gained Sant'Eusanio's respect. At least one family there hated her, however. When my aunt Olga married Eusanio D'Andrea, who left the Church of Rome for her, his family never forgave him or us. Some thirty years on, Eusanio's sister had only to learn who I was to cold-shoulder me.

24

My father, Leopoldo – Poldino in Sant'Eusanio; Leo in Thompsonville – was being groomed for the ministry under the wing of a Methodist preacher in the nearby city of L'Aquila when he ran foul of home-town Fascists. It was 1926. He was beaten and dosed with castor oil. Poldino was sixteen years old and an American citizen. Quick-witted Concetta lost no time in bundling him off to his father in Massachusetts. There, in Charlestown jail, Nicola Sacco and Bartolomeo Vanzetti, a pair of Italian immigrants whose eyes were set on a better tomorrow, sat waiting to be electrocuted. Poldino spoke not a word of English; his education was over, what might have been a career lay in ruins. He never saw his mother again. Socialism now became his religion. I was born in 1933 and named for the party's leader Norman Thomas.

Sant'Eusanio Forconese sits astride the spine of Italy among the highest peaks of the Appenines. Geographically, this is central Italy; temperamentally, it is the Italian south. The Abruzzo heartland is rocky; its winters cold and snowy, with a healthy dry cold; the hills, where clad at all, are covered in forests of beech and oak. The summers, of course, are dry and hot. For millennia, the area's upland plateaus and valleys have served as summer pasturage for sheep, and at one time goats, a practice that involved a yearly trek from the south along a network of *tratturi*, or droveways. In medieval times, these sheep tracks, measuring a hundred or so yards in width, were furnished at intervals with a series of shepherds' churches that still stand. They are reminders that the entire economy of this otherwise unyielding land was once based on sheep-breeding and a local wool industry.

Time is long in these places. While Sant'Eusanio Forconese's more immediate roots are in one of five Roman villas, or farmstead hamlets, of a vanished centre known variously as Furcona and Forcona, there are burial grounds nearby and an iron-age fort on the hill at the edge of the village that date back at least to the ninth century BC.

The Sant'Eusanesi – if for a moment we can put aside the dubious premise that any bloodline is purely linear – are descendants of a pre-Roman tribe, the Oscan-Umbrian-speaking Vestini. About them not a great deal is known except that they stood firm against Rome for centuries until by treaty, in 290 BC, they became Roman allies. Once important sites hereabouts – the cities of Furcona, Peltuinum, and Aveia – called Roman, were in fact Vestini. The people of this territory have always been, and still are, used to toil and inured to hardship. The Aquilani, denizens of mountain eyries and fastnesses, are notably self-reliant, self-sufficient, and fiercely independent. This has always been a rustic society; its members have always lived a frugal existence.

Even in Thompsonville, in my boyhood, those of the early Abruzzese diaspora tended to follow callings of their own. If you could beg, borrow, or steal a wheelbarrow you became a contractor. If you could get your hands on a lorry, you became a haulier. A man worked for himself. Sons might go into business with their fathers, brothers with brothers, but you didn't work for anyone else. This was part of the Old World baggage many an Aquilano took with him to America.

My father's village, in his time and nowadays, has been more agricultural than pastoral. Sant'Eusanio is located advantageously smack in the middle of a high plain, a broad valley, through which runs the Aterno, a small river whose source lies in the Gran Sasso and whose mouth is at Pescara, on the Adriatric. The land round the mound on which the village is compactly laid out is flat; the soil is not only deep and rich but is also provided with a system of regulated irrigation. Here are the villagers' *orti*, their strips of vegetable patches, where, in their spare time, with tractors and rotary cultivators, Sant'Eusanio men play at farming crops that will keep their wives busy at the season's end putting up 300–500 jars of tomatoes, say, for use over the long winter months.

In my father's day, the men worked these fields in summer before leaving their families to seek employment for the colder half of the year in places like Germany or Belgium or France. The work there often consisted of mining coal. Guy Johnson once worked in German mines and maybe even in Hungary. My mother's father, who never returned to Abruzzo, worked in the iron mines of Michigan's Upper Peninsula and later, before moving east, in the coalfields of Springfield, Illinois. Guy Johnson owned a bit of good, and conveniently flat, Sant'Eusanio land. The words conveniently flat must be stressed. His was not one of those pockets or basins of soil ringed by vomitings of grey scree, like frozen cascades of lava, such as you find in the folds of the hills of so many Abruzzese villages that cling precariously to the Appenine slopes. Concetta paid local lads to weed her vineyard and bartered with others to split her firewood. Self-sufficiency. Her *cantina*, or winecellar, would have been festooned with cured sausage, salame, prosciutto, and braided strands of onions and garlic.

Others in her time grew forage, which they cut and brought home on donkeys to feed to livestock kept in cavernous stables under the houses. The animals – cows, pigs,

27

goats, chickens, rabbits, turkeys, sometimes ducks – provided both food and a natural central heating. Corners of the stables were used as toilets. The village consequently stank and was ridden with flies and mice. But there were cats aplenty, and the muck that men and animals left on the stone floors of these *stalle* made its way back to the fields. Winter nights, in Poldino's boy-hood, the stables also doubled as social centres. The old men drank and played cards and told stories; the women gossiped, spun, knitted.

Nowadays, for the most part, these cellars lie unused, mere storage spaces for items too good to be thrown away but not good enough to serve for anything. The Sant'Eusanesi call these locales *pagliai*, a reference to the fact that they may once have contained hay and straw. And, yes, in corners of them even now you come across the odd old bale, dusty, rancid, and blackened with age. You can gauge a man's wealth in the village by the number of these *pagliai* he lays claim to and keeps brimful of rusting tools and scraps of every sort. Some, though, house little private workshops or rough kitchens with wood-fired bread ovens and old stoves for boiling a range of preserves. Others get elegantly and expensively done up and become eating and drinking halls. Throughout Sant'Eusanio, embedded in the walls of the buildings in the lanes off the square, you still find the stone rings where those primitive vehicles, the donkeys, were hitched.

At long last, in April, 1964, at the age of thirty, I came to see for the first time a place, a countryside, a village, a people that, unwittingly, I had known about all my life. The train from L'Aquila, where I had ensconced myself in the most modest possible hotel, dank, dark, and out of the previous century, stopped at the San Demetrio station, which was only a kilometre or so from my father's boyhood home. The road in those days was unmade – a *strada bianca* as the Italians term it – and *bianca* it was. Whenever a lorry or a car passed, the pulverized limestone metal lifted, blanketing the grass verge, the trees, and anyone on foot in a chalk-white powder that filled the air for another five minutes before resettling.

Little and much has changed in Sant'Eusanio in these past forty-odd years. In 1964, the village's main entrance, its piazza, its lanes were all unpaved. The only available water spouted from a stone fountain in the square. Women gathered there to carry it home on their heads – walking erect, hands down by their sides – in specially-designed copper vessels called *conche*.

I made my way up the road, past where the chemist's is today, to the old post office. All eyes were on me. I was dressed in a heavy tweed jacket against the cold, an obvious outsider, and yet, because few strangers ever visited there, perhaps not entirely an outsider. I was Poldino's son, I told the postmistress, and I mentioned the name of my father's cousin, the family I was there to see. Brushing past me, the woman took up a position in the middle of the roadway and began to shout in the direction of the square. *È venuto il figlio di Poldino*, she cried. Poldino's son is here. Somewhere out of view in the piazza another person relayed the message. *Poldino's son is here.* Then a third party.

I could not contain my emotion. Never before in my life, never since, have I been so utterly overwhelmed, so struck to the root. Everything was first-time new – sights, sounds, smells, faces. Yet at the same time everything was uncannily familiar. How could it possibly be so? My tears would not stop. After a minute or two – a moment, an aeon – a little woman came running towards me. The wife of Poldino's cousin; I didn't even know her name. We embraced. She was crying; I was crying. There among the sullen, tumbledown stones of Sant'Eusanio I had reconnected with a past I never knew.

It was my day of days, one day, and mercifully short, because the whole overpacked event drained me. Stunned, I spent the next hours ambling about in a daze. I visited the ruined castle up on the hill, a place whose dilapidation Poldino had once contributed to, rolling its stones down the hillside with his mates. He claimed to have pulled down 'two or three towers and most of the walls around the church and parts of the belfry.' It had been his dream, his secret ambition, he confided to me, to demolish the church completely, a feat he considered a revolutionary act. I was photographed in the piazza before the church door with Eusanio Aniballi, then the village's one true Communist, a man twelve years older than my father. Eusanio had worked in Terni, a steel and rail centre in Umbria, where he had joined a radical labour union. On his visits back to Sant'Eusanio, he would get together with Concetta and her sympathetic ear to discuss social questions and *la lotta di classe*, the class struggle.

Somehow in my shaken state I neglected to find out which had been her house, Guy Johnson's house. It stood quite unmissable by one corner of the piazza, across from the communal bread oven, as I discovered on later visits. But that day I had simply walked past it. I did, however, single out her grave. My grandmother lay buried in the cemetery behind the ancient lower church, dedicated to the oddly-named Madonna Sotterra. (Was it the Madonna who was *sotto la terra*, under the ground, mocked the ever anticlerical Poldino, or was she the Madonna for those who were buried under the ground?) Concetta was definitely in the ground and not in any of those tiered concrete vaults nor in one of the costly, ornate mausoleums of dubious taste, all marble and bronze, that adorn the cemetery precinct. A clump of iris sprouted from beside her crooked, rusted iron cross. From a sealed blister on a plain headstone, her photograph looked out at me – curly, slightly dishevelled hair, my father's hook nose, a woman clearly of my kith and kin. The grave marker, which was broken in half and poorly patched together, gave her dates, 1883–1951, and recorded Jesus' words from John 14:6: 'I am the way, the truth, and the life ...'

Fifty years after her death, Concetta's remains were dug up and placed in the mausoleum of the family who now own Guy Johnson's house. It was an act of piety and appreciation by them for a woman who had shown a very poor family great kindness and generosity. Had it been possible, I would have left my grandmother undisturbed beneath the forlorn iris and broken stone. The place where she rested for half a century now stands empty, the iris gone. But the rusting lattice-work cross is there, still leaning – like her in life – to the left.

There were at least two blots on that day. I had not expected to see, all those years after the end of the war, Mussolini's infamous slogans yet intact on the walls in the village square. They turned my stomach. One of them was emblazoned across the front of the priest's house. It is since

31

gone, painted over. A second, on the façade of the Casciola palazzo, can still be made out. *Credere, ubbidire, combattere.* The whole totalitarian creed in three words: believe, obey, fight. My father cursed Italy for weeks after I reported this to him. But today I feel different about these graffiti. You can see them even now, fading but legible, on walls in the nearby towns of San Demetrio and Fossa. I say let them stand as a reminder of the rotten, threadbare, vainglorious politics of Fascism. How I chuckle and sneer every time I read in San Demetrio – and take great pleasure in repeating to all and sundry – that *Italy, in a black shirt, is and will be invincible.*

The second blot was worse. I was on the roof terrace of my relatives' house, enjoying the panorama that spread from nearby Casentino to the Cerro and the castle ruins. The woman who a short while before had run to greet me was now explaining what Mussolini had meant to them, had done for them – how he had restored their Italian pride and made them feel important. She expressed this with an accompanying gesture, taking in a breath, expanding her chest, tossing back her head. I did not ask her what part Ethiopia or Albania or Greece had played in her triumph. I did not mention the infamous laws her hero had passed against Italian Jewry. I did not mention the Italian troops he had sent to wintry Stalingrad wearing cardboard shoes. I did not mention my father's draught of castor oil. In a letter to me nine years later, Poldino characterized these cousins of his as kulaks.

Eleven years passed before I went back. I lived in Europe now, in England and Scotland, and had been at work one long summer around Parma and in Rome, preparing to write a novel based on Bertolucci's film *1900*. At the end of our stay, before leaving Italy, Susan and I decided to take another look at the Abruzzo region, this time in a hired car.

Sant'Eusanio, with its approach road asphalted, its square and lanes now neatly paved with small blocks of black stone, with indoor plumbing in all the houses, had been plucked out of its stagnant age-old past. I paid homage to Concetta down at the cemetery and this time we went straight to Guy Johnson's house. An old couple, close friends of my younger aunt, Olga, owned the place. They had acquired it from her for very little money before she and Eusanio had emigrated to America in the early Fifties. I remember Olga's letters to Poldino at the time. Nominally, the house was partly his, and she wanted his permission to pass it on to her friends. Poor Poldino, who was still smarting and raging over the evils of Fascist Italy, wanted no part of the deal. To him, the place was Olga's to do with as she liked. If her friends were in desperate straits and also worthy, as she had informed her brother, then let them have it.

Have it they did, and that summer, when the door was opened to my knock, Mimma Carosone greeted me with the words, 'Welcome to your house. And I mean it – your house.' It was a modest place, tumbledown really, and while I was being shown round and gingerly turned a knob I suddenly found myself in a large two-storey room that was a hay shed, a true *pagliao*, right there off the kitchen. Mimma was cooking a rabbit. I was plied with wine, their own, from Concetta's vineyard, and was invited to share their lunch. She sent Raffaele, her husband, to fetch another jugful from a big barrel under the house, and he enjoined me to accompany him. Mario the postman came in with a letter and had a glass. He was full of cheer; plainly he must have drained one at every stop he made.

Mimma telephoned two of her three sons to come and meet Olga's nephew. The pair turned out strapping lads, some twenty years my junior, with bristly mustaches and rustic manners. One worked for the phone company; the other was a plumber. Each of them gave me a formal but genuine embrace and kissed me on both cheeks. Mimma was right; I was home.

We drove up and down the plain of Navelli and beyond, I, ticking off in my head the names of Thompsonville families whenever I passed towns or villages I knew they had hailed from. Timmy Pignatelli of Civitaretenga. Sebastian Di Felice of Navelli. My own tribe on my mother's side, the Fontecchio and Di Matteo, of Capestrano. All agog, I viewed whole deserted mountain villages, for, three times in a hundred years, owing to dire poverty, the Abruzzo region had been emptied by emigration. Oddly enough, my family had shared in each phase of the exodus – grandparents during the first wave around the beginning of the century, Poldino following the first war, and Olga following the second.

After dizzying, suffocating, tourist-ridden Rome, this vacated Abruzzo seemed an oasis, a paradise.

There were subsequent visits, a number of them, but always too short because there was no nearby convenient place to stay. And then, one day, a chance word in a most unlikely place – windswept Exmoor – turned my whole relationship with Abruzzo on its head. I had found a location on the

Devon-Somerset border for my photographer friend Ken Griffiths. Standing around one morning, drinking brandy, blowing on our hands, and waiting, literally, for the breeze to dry a stretch of wet tarmac, I mentioned my central Italy background to Ken's assistant, Giovanni Diffidenti, who was from Bergamo, to the north-east of Milan. It astounded me that he knew the unfrequented Abruzzo region. When Ken asked with a mischievous snort what part of Sicily we were talking about, Giovanni quickly put him straight about Abruzzo's virtues. I then mentioned Sant'Eusanio Forconese, my father's village. These last three were the right words, for they triggered Ken's imagination. A week or so later, he and I were on a flight to Rome.

It was late November or December in the province of L'Aquila. The flanks of Ocre, Sant'Eusanio's backdrop to the southwest, a long hump of a mountain rising to a height of more than 7,000 feet, was blanketed in snow, with its many buttress ridges etched in sharp black lines. We were on a reconnaissance. Ken had brought only a hand camera, but even before we reached our destination the landscape and the general look of the area had convinced him. The moment we entered Sant'Eusanio he knew he had a story.

It was obligatory that we had a meal with Mimma and Raffaele; for me it was obligatory that we also paid homage to Concetta, where Ken snapped me crouched by her head-stone. For the rest, we crisscrossed the length and breadth of the village, most of whose lanes can only be managed on foot, asked endless questions, and made a few notes. We were determined to come back in the spring to do some serious work during the May festival in honour of Eusanio, the place's martyred patron saint.

And we did. And one thing led to another. And we returned again in the summer, in August, for the more elaborate festival of the Madonna del Castello, when a brass band parades the lanes and evening entertainments are laid on and impressive firework displays light up the night sky. This is the month when darkened, shuttered houses burst into life and Sant'Eusanio suddenly teems with visitors, locals with properties in the village who live and work for the rest of the year in Rome and Milan or abroad in Lille and Luxembourg and Dunkirk. (In winter the population is fewer than 300).

Mimma's oldest son had offered us the use of his empty flat on the edge of the village. We drove out in late July, with my younger son; we were later joined by others of our children, by friends, and eventually by Ken and Giovanni. This was the first time I'd spent a night in Sant'Eusanio, and in the six packed weeks we were there we toured scores of neighbouring back roads, most of them unpaved, some quite rough, many appearing only on military maps. Most memorable were the old drovers' tracks that wound up through densely wooded slopes to the magical heights of the *pagliari* of Tione degli Abruzzi and Fontecchio, sky-high summer grazing grounds with clusters of ancient and crumbling stone huts. We visited Ovid's Sulmona, combed the Campo Imperatore and its flanking high villages – places like Calascio and Santo Stefano di Sessanio and Castel del Monte. With my older son we even made it to the top of the west summit of the Corno Grande, the highest point in the whole Appenine chain.

We had set out, unwittingly, on the one morning of that summer that happened not to be blisteringly hot. It was early August. Far into our ascent menacing black clouds swept in from the west. All at once the mountain was deserted except for a pair of well-appointed French Alpinists. Just behind them, we scrambled over the last yards of bare rock in streaming cloud. At the summit cross, for a few fleeting seconds, a patch of the Campo far below opened up. Otherwise we saw nothing. On the way down, smelling danger, the Frenchmen kept shouting directions to us, for the marked way was nearly invisible. We had no sooner reached the easier footing at the start of the long trek back when the sky opened up. A blinding sheet of hailstones came down on us, big heavy balls with edges that cut. The three of us were forced to lean our heads together in a huddle in order to breathe. After a minute or two the hail became a cloudburst, and under foot the scree was moving, a river, a flow with a sound like that of surf sucking on shingle. By the time the rain abated we were soaked through; then, with a long hike still before us, a stiff breeze came up.

We were now making our way in a great arc across a high plateau. Mistakenly, I thought we should head for the Duca degli Abruzzi refuge, which sat on the precipice of an exposed ridge. The Frenchmen, by this time a couple of hundred yards ahead of us, were clearly worried for our safety. Before plunging down a more sheltered route of descent, they paused, looked back to us, and began wildly jabbing their arms in the direction we must take. We followed their advice, but far in advance of reaching the cable car station, near where our car was parked, Susan and I were clearly suffering the effects of hypothermia. She had already begun to lose the use of her limbs and had stumbled and fallen more than once. By now the sky was a leaden mass of cloud whizzing by overhead. Our saviours were gone, the whole place was abandoned, and I feared the station itself would be locked shut. It wasn't.

I had to pee, but my hands were shaking so violently I could not undo my zippered fly. I plunged my hands into a basin, alternating between the gush of hot- and cold-water taps, for I could tell no difference between them. I left the others there and dashed to our car, a hundred or so yards away.

Getting the key into the ignition was almost impossible. It was a relief to be out of the wind, but I still could not control the involuntary shaking of my arms and I had to grip the steering wheel so tight that my neck tendons felt close to snapping. Just to glimpse the lowering sky through the windscreen set off new tremors in my limbs, and I could not wait to get down the long winding road to below the tree line, where there was a bar and we could have something hot to drink. In Italy, as is common knowledge, you do not approach a bar counter and ask for anything that you have not first paid for at a cash desk. On our arrival, some ten or fifteen schoolchildren were lined up, fumbling with coins and trying to pay for a postcard, a souvenir, a sweet. From the espresso machine, the attendant, seeing our panic and recognizing our need, signalled us to jump the queue and pay later. We fuelled up on coffee and alcohol. It was another twenty miles home. There I made rum toddies, and we drank them in a bath up to our necks in the hottest possible water.

Eighteen-year-old Tom had not suffered at all. The next day, in fear of losing my nerve, I decided we should climb another mountain. We did, this time going the other way, past Rocca di Cambio and the ski trails round Campo Felice, to the safer top of Monte Rotondo. The weather was splendid. It was hot and sunny again.

Perhaps the most important and certainly the most cementing discoveries of that summer stemmed from books.

Everything we viewed, we backed up with reading. Local studies figured large. History. Mountain guides. Botanical guides. Art books, especially architecture. Many maps, including a set of topographical survey sheets, the gift of one of Mimma's sons. I was biting on a hook without even realizing it. The clincher came when L'Aquila booksellers, a couple with a summer place in the virtually deserted hilltop village of Santo Stefano – once an outpost of the Medici but in the late 1980s a dank maze of collapsing roofless walls and strange tunnels and passageways – invited us to see what they had dreamed up with a property there. They and another couple, patiently and tastefully, had rescued and done up flanking houses. One of these had a tiny grotto that tunnelled into the living rock to the rear, its temperature all year round so evenly cool that it was used as a doorless refrigerator. The owners of these two places were educated city people, teachers, intellectuals. I marvelled. In my father's village there was nothing that approached their achievements. I had now eaten of the tree, and my eyes were open. A good portion of Sant'Eusanio was empty and falling down. I asked Mimma to help me find a hovel to buy.

Although a good half or more of Sant'Eusanio consisted of uninhabited hovels at the time, could I acquire one? The answer was no. 'Here we don't sell, we buy,' one of the locals informed me. And so it went for a period of four or five years. Always – and despite Mimma's efforts – there was the wall of peasant resistance, peasant suspicion, peasant conservatism. It was not that anybody looked askance at me as someone unconnected with the place; all the village had known

Concetta, and many had known Poldino. A few had even begun to accept me as one of them.

The problem was simple. Houses, property, land in Sant' Eusanio was by and large inherited or swapped. Nothing had a price because nothing ever got sold. If by chance a *conta-dino* were to name a figure and you accepted it, he would go home, ponder the transaction, and imagine he should have asked for more because you had too readily said yes. This was a closed community. I was up against primitive mistrust, the peasant's fear of being outfoxed.

In May, 1994, Ken and I were again poking round Sant' Eusanio in an endless quest for picture material, when Mimma's daughter-in-law announced that she had recently been left two properties. The better one, she said, was in nearby San Demetrio. Out of curiosity, we went to look at it. I need not describe the place. I had no interest in San Demetrio, no links with the town. Lucia readily accepted this but was somehow resistant about showing the other possibility. 'It's not for you,' she said. 'You come from England. The house is pretty rundown.' How rundown? I wanted to know. Really, really rundown? 'Yes,' she said, '*sfasciata, sfasciata, sfasciata.*' In ruins.

In ruins was exactly what I was looking for. I did not like the way the Sant'Eusanesi were in the habit of doing up their properties. Stone houses, many dating from the 1400s, were being paved and lined with expensive polished marbles; doors were made of aluminium; roofs to shelter an entrance or a terrace, of plastic. All their lives for generations the villagers had lived in hovels that were periodically knocked about or knocked down by earthquakes; in recent times they had gone abroad and earned good money; they had taken in

Milan and Rome. Their tastes were all askew. I wanted something that no one had spent money ruining. After a minute and a half at Lucia's, I knew I had what I wanted.

The exterior was shabby but remarkable, with brooding stone windows that seemed to look out from stern eyebrows. Standing in a lane exactly eight feet wide, the place was awash both inside and out with unique features. The façade contained a miniscule round-topped, stone-framed window unlike any other in the village. By the front door, a tiny fragment of fresco remained intact, the remnant of a once large painting of undoubted religious significance. There was also a spyhole, which had been fashioned by cutting a diagonal channel in a portion of the wall, so that from a far upstairs room you could see who was below at the front door. A couple of short poles jutted out from the sides of one window, a device once used to hang out yarn to dry. Inside were two rooms, one straight behind the other. The first, which was crammed with the usual junk, mainly warped planks and crooked timbers, had a smoke-blackened timbered ceiling; the second, an ancient sink that had been hewn out of the native limestone and that emptied straight onto the street below. This room, a kind of hayloft, was filled to window-sill level with bales more than fifty years old.

Lucia pointed out that the floor lay a good yard below our feet. This room had no ceiling but shot straight up to the roof. I asked how I could get upstairs to the room at the front. There was a long pause. She could show me the room upstairs, she said, but she did not own it. I then had a lesson in how properties were divided amongst several children, vertically and horizontally, thereby creating impossible honey-comb cells. Lucia's cell consisted of the two rooms only. To get upstairs you had to enter someone else's room-and-a-half cell from an entrance on the other side and then manage the dangerous ascent of an almost vanished stairway. A *cantina*, however, a very good wine cellar half underground, came with this second cell.

Ken and I went round to a back lane to inspect. The half-room here was but a dim passageway made into a kitchen whose floor was paved with round pebbles. The upstairs room, with one small window, was pitch black; the floor was of old brick laid on earth. From the near absent stairway, the third cell, a further whole room above and a half-room below, was visible thanks to a 1950s earthquake that had left the interior a perilous, tangled heap of smashed floorboards, brick, and plaster. Cell three, of course, belonged to a third party.

No one of this trio of properties was viable without the other two. If it had taken us years to find someone willing to part with one hovel, what chance had we of ever acquiring these other two? I figured next to none. But Lucia was sure the owners of the second property would sell. They needed money for a new house they were building. Anxious to nail something down, I wanted to leave Lucia a token deposit before going back to England, but she would not take one until Susan could come and see the place. Lucia wanted millions, in the old lire, and I had to get Ken to translate how much that came to in sterling. It turned out a one-car garage in England would have cost more.

A fraught summer was spent trying to tie up a whole package. Luckily, the second party proved anxious to sell; luckily as well, they were related to the third party. Knowing we would not commit unless we could have all three places, cell two put pressure on cell three. A woman in her eighties owned the earthquaked ruin and she wanted to sell; so did her daughter, in Canada. A son who lived nearby, however, was distinctly unkeen. What he could have done with his mother's maelstrom room-and-a-half I can't imagine. Probably just the old peasant resistance, the *contadino's* genetic fear and mistrust. The man and I never met, and I never spoke to him. The others did the talking for us. In the end he gave in.

Had we won the hearts and minds of Sant'Eusanio with our triple purchase? On the contrary, I was vilified for it. One friend was quick to point out that with a single stroke we had ruined all property values in the village and henceforth nothing could be bought or sold there. We had paid too much. Where did their information stem from? I never told anyone, but it appeared that the whole place knew my business better even than I. It quickly came home to me that in such a small community petty gossip is meat and drink. Our purchase was news, big news, and twelve years later a knot of busybodies in the local shop still felt obliged to remind me – and berate me – for having overpaid. At long last fed up, I told them that perhaps the sellers had asked too much.

Something else had taken place back in those heady days soon after the deal was closed. Two or three villagers came forward to offer me houses. Overnight, from being barely able to get a finger in the door, I was now looked on as a prospective collector. Each seemed anxious to cash in on his tumbledown pile of mouldering stones. One old man, crossing in front of me at an oblique angle in the square one morning, whispered out of the corner of his mouth for me to follow him. Intrigued, I played along with his little

cloak-and-dagger number. He led me to a cavernous building, by way of a blind alley, and asked if I was in the buying
mood. We did not discuss the price. A short while later, I was
accosted by someone else. His asking price was nearly twice
what his pile was worth.

Until a year or so ago, you never saw a sign anywhere in
Sant'Eusanio that read *Si vende* or *Vendesi* – for sale. Recently,
like mushrooms after warm weather and a bit of rain, they
have begun to sprout everywhere. Crudely painted on bits
of old board, they are placed in an upper-storey window.
Why this change of weather? In the days when I was looking
to buy, for anyone to have announced publicly that he was
selling a house would have signalled that he'd fallen on bad
times. Ignominy. Disgrace. Pity would have ensued and
perhaps even schadenfreude. At the root of the new little
revolution is a law that requires uninhabited property to
be kept up, roofs to be repaired, walls to be made safe from
collapsing. To own an empty house in need of attention is a
pointless waste. Hence the wish to be rid of a burden. As well,
some of these places now offered for sale are in the hands of
the descendants of old Sant'Eusanesi, grandchildren born in
France or Belgium, who have little nostalgic connection with
an ancestral past.

In August, 1994, we came back to Sant'Eusanio with my
younger son, staying at a small hotel in San Demetrio, and,
along with two of the people we had bought from, we spent
ten or so days clearing the place of all their treasures. A
tractor and trailer set below one of the rear windows received
the hay bales, sending up a tower of dust that rose over the
rooftops like the smoke of a housefire. It was a dangerous
dust. The first evening my throat was sore, and I thought I

was coming down with flu. I hallucinated all night. One of the others, the same.

The tractor shuttled back and forth to the municipal tip in the gravel pit on the edge of the village. The treasure itself was broken up. Some was sent to perdition in the pit. Of the rest, half was transferred to one man's *pagliaio* a stone's throw away in one direction, and the remainder to the other's *pagliaio* a stone's throw the other way. At ten or eleven each morning, the neighbours would set up a table and chairs outside in our cul-de-sac lane and howl to us to gather for coffee. The coffee was always laced with alcohol. Later we would all be summoned down into another neighbour's *cantina*, where, groping blindly in the cool dimness, we were treated to cups of wine straight from the barrel. We were as a result mildly pissed all day, which made for great merriment. At some point, lit up, it struck me that the treasures we were reshuffling and moving to new quarters had probably started out from other *pagliai* in the village, and I began to speculate aloud on the length of time it might take these imperishables to make a complete round of the village. Five hundred years?

At the end of these weeks, the summer *festa* for the Madonna del Castello was under way, and Ken and Giovanni were back with their Gandolfi plate camera, which sits on a huge tripod, reflects images upside down, is worked from beneath a vast black hood like the old-time carabiniere's cape, and never fails to draw a crowd.

The next year I went back and spent the month of March in the village to oversee the opening phase of the work.

A crew of *muratori* – the term, used for general construction labourers, covers stonemasons, bricklayers, and plasterers – tore the interior apart, hauled away tons of stone-and-earth rubble and began the rebuilding. They were a rough-and-ready lot from the nearby town of Fontecchio, jacks of all trades, experts in the intricacies of old structures and therefore undaunted by the danger of walls that might collapse around them as they rescued brick floors and stone doorways. An architect from L'Aquila was on hand to photograph everything that was undone. The hidden heart of the house began to reveal itself – the vault of the wine cellar, which was close to caving in; bits of worked stone that in ages past had been quarried from the castle on the hill to patch up earthquake damage.

Neighbours, the extensive Bologna family – at the suggestion of their youngest son, Romeo – gave me the use of a nearby empty house of theirs. To accommodate me, they removed a kitchenful of hams that were hung curing from the ceiling, showed me how to light the big black wood-burning stove, and pointed me in the direction of their well-stocked store of oak logs under the house.

It was bitterly cold at night, but the days were sunny and around lunch-time the temperature rose to its pinnacle. The house had a rooftop terrace from which I could see my own roof and a great vista of the surrounding countryside. Nothing was ever discussed about my eating arrangements. Anna Bologna, the mater familias, simply announced to me on day one that I had better take my meals with them. *Them.* I never knew who them would be. On some days it was just Anna and her husband Edoardo, who had long ago known Poldino. Often the number could rise to ten or more, when

46

their three sons, together with wives, grandchildren, or friends dropped in. Maybe they didn't drop in, maybe it was all planned, but everything seemed to be improvised. From one meal to the next I never even knew in whose kitchen I'd be eating. Half the time it was in Anna and Edoardo's, two steps away from my building site. The other half it was at Romeo's, directly across from me.

At Romeo's the gathering was always big and boisterous. Anna herself was a quiet, gentle woman. She had lived as a girl in France. She did all the cooking, whether in her own house or her son's. Often Romeo's wife helped by preparing things in advance. Anna would shuttle to and fro all morning carrying ingredients from one place to the other. Romeo, then a young man with tightly-curled red hair and a red beard, was raucous, good-natured, good-humoured, generous, and irreverent. He had two sweet, shy girls, with his same burnished red hair; his wife Loredana was distantly related to me. Both she and Romeo worked; in fact, he held down two jobs. Loredana's mother, also named Anna, and her mother Carolina, who eventually died going on 102, lived the other side of one of the walls of my house. Romeo adored Carolina and made a great show of flirting outrageously with her.

I was the fly on the wall. The only attention anyone paid me was to keep my glass filled and my plate full. Otherwise they behaved as though I were not there. Romeo, anti-Church and anti-State, raved whenever one of his kids put on a Berlusconi television channel. He would fling bits of mozzarella at the screen in protest. Italian kitchens use TV as wallpaper; the set, always gigantic, is on at all times, whether anyone is watching or not. It is like an illuminated fish tank,

47

but with sound. Romeo loved to taunt his church-going mother about Jesus Christ. 'He was screwing the shit out of La Maddalena – you know that, don't you?' The poor woman would hide her face, dying of embarrassment. 'Oh, so you think Jesus was a faggot, then, do you?' He would tease and rough up old Edoardo too. The first time I ever met Romeo he stood in the doorway of his father's winecellar, just a young lad, inviting Ken and me in for wine.

Sometimes at night during this month, as I read tucked up in bed, there'd come a pounding at the door, and a gang of locals would be there to haul me off to a party, which consisted of tables laden with prosciutto, dried sausage, salame, various cheeses, wine, wine, wine, and an array of home-made liqueurs, strong, aromatic, often bitter. *Nocino* and *genziana* were the ones I warmed to. The generosity, the natural warmth of these people, staggered me.

On my last day in the village snow began to fall, muffling the church bell that was tolling the death of a parishioner. Isaia Giannetti. He too had known Poldino, and one summer in my childhood we had visited him in Brooklyn. A number of Sant'Eusanesi had lived in Brooklyn at one time or another. Some remained there, a sister of Anna's among them.

The crew carried on without me for another month. They lifted off the entire roof, removed the uppermost eighteen inches of the walls, and ringed the building with steel rods and concrete. It was an earthquake-proofing measure, and obligatory. Afterwards, the ring was refaced with stone. A new roof was then refitted, with chestnut beams and planks, insulated, and finished it off with old terracotta tiles. The *muratori* also rebuilt our three chimney stacks, the *comignoli*, in the Aquilano style. Made of large, thin bricks, with triangular

48

vents on two sides and roofed over with tiles, they look like a sort of strange bird cage. It all went a treat.

The scaffolding at the front of the house was still in place when I returned with Ken and Giovanni that summer to shoot a short film. It was supposed to have been a pilot for something, but I was never sure what. Susan and I had drafted a brief script about village life, woven round the story of someone, say the *figlio di Poldino*, who comes back to Sant' Eusanio, finds a wreck of a house, and begins to rebuild it. I was in the picture, of course, but I never got to see a single frame of it. Ken's cameraman brother David came over from New York for the shoot. Giovanni was flown out of Africa to join us. The only trouble was that Ken had neglected to bring a copy of the script with him, so for days nobody knew what was going on, what story we were trying to tell. Ken had also neglected to mention to anyone his obsession with an entirely different story. It involved the local firework maker Pepe Santoro, a colourful Neapolitan of whom over the years we had grown quite fond. One day – in real life, not in a film – Pepe was blown to bits at his workshop outside San Demetrio. He'd been trying to rescue a keg of powder. Somehow, Ken wanted to link Poldino's son and Pepe's daughter. Underlying Pepe's violent end was a plot that involved the Mafia. I, who personally loathe all such exploitation of the Mafia, could find no truth in any of this. Our venture turned out an utter fiasco and at the same time a lot of fun.

Then fell a storm of complications, some originating in Italy, some back in England, and work on the house had to be halted. Nine years passed, agonizing years, and in that interval we visited Sant'Eusanio just once. Unrealized dreams can be a terrible burden.

Exactly a decade after finding our place, we felt we must end the deadlock. Either we sold the place as it stood or we finished and used it. One April day, driving up from Rome with an Italian friend, we returned to take stock. The sharp light of a perfect blue sky etched every crag and fold of Ocre. The castle on the Cerro stood out like a beacon. All seemed as pristine as the first day of the beginning of time. A single glimpse of the village and of the house after the years of absence and heartache told me a sale was impossible. *In Sant' Eusanio we don't sell, we buy.* Then and there it was decided we would buy the completion of the house. Our Italian friend, with his connoisseur's eye, echoed approval.

I was in Abruzzo once more in September. The plan was to renew and reschedule a work programme with my old architect and our building team from Fontecchio. Yet again, good fortune was to ensue. For the first time ever, the village boasted public accommodation. A modest bed-and-breakfast establishment, the Forconensis, had just opened in Sant'Eusanio on the slope leading to the castle ruins. The highest dwelling in the village, it enjoyed views across to San Demetrio and down the bucolic Aterno valley as far as Campana. I spent five nights there.

Lia and Luciano Maragni owned the place. He had retired early from a career in computer technology; she worked as an assistant cook in a stylish restaurant three miles away, in Fossa. I was carless. Luciano asked what I planned to do about meals. I mumbled something about invitations from friends. 'You'd better eat with me,' he said drily, and on the spot I became his guest. The next night he cooked – and I have never let him forget it – the best *linguine, aglio olio e peperoncini* I'd ever eaten.

Over the next two years, the Forconensis was to become my headquarters, my base, my home away from home, and, all unwittingly, Luciano and Lia were to take on multiple roles in my *vita nuova* as friends, champions, advocates, benefactors, advisors, ciceroni, and much else.

When I found a handsome old piece of furniture in my winecellar, a long poplar bench made by peasant hands and festooned in cobwebs, it was Luciano who lovingly restored it for me. When I was insufficiently dressed for the cold or overly dressed for the heat, it was Lia who lent or gave me proper clothing. When I was away Luciano looked after my post and paid my utility bills. When I returned, he picked me up from the coach terminal or the airport. When at my building site plumber, electrician, and visiting neighbours wanted their thirst slaked, Luciano would bring us wine. When I wanted to entertain, he and Lia would lay on a barbecue. When he saw that a car might prove useful to me, Luciano made me the gift of one. Then, so that I could use the vehicle, he guided me through a labyrinth of legal niceties and complicated paperwork – twelve months' worth – which on my own would have defeated me.

All those lost years, and I was anxious to make up for them. Work on the house would begin the next spring, in May, but before then I wanted the taste of an Abruzzese winter and time to reconnect with the village. It was like needing air. I returned in mid-February, when the cold and the snow prohibited any construction. For a week I was the Forconensis' only guest. Lia had meanwhile left her job and was willing to feed me as one of the family.

I had a soundless den on the ground floor, and, apart from a small table lamp, the room was cosily dark and conducive to reading. Great chunks of the day I spent tucked up in bed immersed in haphazard study or else recovering from the abundant meals. Something inside me, as yet inchoate, was calling for retrieval, but it would need coaxing and teasing out before I could pounce on it. My vague aim, if I had one, was to come to grips with Sant'Eusanio's essential culture – food and the local dialect.

An infamous Nazi, mistaking barbarism for wit, once said that when he heard the word culture he reached for his gun. In Italy when you hear the word culture you reach for your knife, fork, and spoon.

The Abruzzo region is famed for its charcuterie – *capocollo*, *lonza*, *pancetta*, many varieties of *salame* and *salsiccia*, prosciutto. Families in Sant'Eusanio still slaughter pigs in the early winter and make these products for themselves, curing and drying them for months in special cellars. And they take great pride in inviting you in off the street to share them, with slices of crusty bread and glasses of wine. Or sometimes, a five o'clock snack, they are shared in the middle of the street among a knot of men gathered round the back of a tractor.

Much of our kitchen table talk at the Forconensis revolved around local eating habits and culinary practices. What we were eating, where it came from, how it was prepared. Lia, an experienced cook who loved her work, had an encyclopaedic knowledge of dishes and menus. Luciano himself, like many Abruzzese men, was no mean cook. He was also, like most Italian males, a stern and opinionated food critic. Brands were ranked. De Cecco, from Chieti, the province to the south of us, made the finest pasta. They also produced exceptional olive oil. The best potatoes for fries came from nearby Prata d'Ansidonia.

Luciano also had intriguing, old-fashioned tastes. Although he ate little meat, preferring pasta dishes, he had a penchant for mutton, and when it came to lamb – a staple in the Abruzzo mountains – he preferred strong-tasting, two-year-old castrated animals weighing twenty kilos and up. Of course, I was out to sample everything. I once went with him to Filomena's, the San Demetrio ironmonger's, to buy a huge aluminium cauldron; then to Assergi, under the towering wall of the Gran Sasso, to pick up two dressed sheep. One he prepared for the freezer. The other, cut up and cooked for several hours, with a change or two of water, he strongly flavoured with onions, garlic, celery, carrots, and a bouquet garni of bay leaves, chillies, thyme, and hints of clove and nutmeg. All along, until I tasted it, I had been dubious. But not after.

Lia's meals, in the main Aquilano country cooking, were subtler and more refined affairs. Most of the time, she made her own fresh pasta. My mother used to make it for special occasions, and it always seemed an enormous, complicated task. A special board and long rolling pin. Flour, water, eggs. The right consistency, then the kneading and rolling out and the cutting to shape. Lia did it all effortlessly, part of a routine that she made look as easy as drawing water from a tap.

I had grown up, like most of Thompsonville, on this kind of cooking. But the range had been narrower and possibly monotonous, and the elegant touches barely existent. When I first mentioned to Lia that I liked ravioli, I was thinking of exactly what we'd eaten as children, made by my mother or aunts or great aunts. Their home-made pasta was cut to shape by a knife tracing a circle round a saucer. This made for a rather large casing, which was always and only filled with ricotta. Lia asked if I wanted a meat stuffing. I didn't. 'You must try mine,' she said. 'I'll make you both.' When the dish was served I got comfortably bite-sized *tortelloni*; those with ricotta were excellent; those with the meat filling – a mixture of minced pork, beef, and turkey, with Parmesan cheese, eggs, and a touch of nutmeg – were exquisite.

Lia used saffron in many dishes, both meat and pasta. I fancied *bocconcini di agnello allo zafferano* and *spizzichi allo zafferano*. The former is titbits of lamb; the latter, fresh pasta torn into small pieces – literally, pinched off – with field mushrooms and ricotta. As a boy in Thompsonville I'd never heard of saffron; Poldino never spoke of saffron. And yet the most glorious *zafferano* in the world comes from the Navelli plain, only a few miles from Sant'Eusanio. Saffron in my father's day had been too costly for any but the very rich.

I must have driven poor Lia half mad with my requests. But she was always patient and obliging; in fact, she was quite the most open and cheerful person I've ever met. On my arrivals I always required an overdose of Thompsonville soul food – the *minestre* of my early years. *Pasta e fagioli. Pasta e ceci. Pasta e lenticchie.* Although we all loved these homely concoctions, I think she felt they were considerably beneath her talents. I would tease her, saying that one day when she opened her restaurant these dishes should feature large on the menu. She would laugh politely as if to suggest that

54

could never be, for such peasant soups were far too common fare. I don't think Lia had the faintest inkling of the exile's ordeal. Her cooking was paradise regained.

Our meals, especially in winter, could last for hours. A lunch that began at one might end at five, to be followed by dinner that went from eight to midnight or longer. Here was where one experienced the truth of the Italian saying that *l'appetito viene mangiando*. I often wondered what I was doing at the evening table when I had no appetite and could not imagine ever eating again. But then the subtle phenomenon of gustatory seduction would once more unfold.

Italians do not sit idly around tables. Eating is accompanied by conversation; after-dinner conversation is accompanied by eating. Sometimes, getting on for one in the morning, Luciano and I would discuss cooking up a plateful of *aglio olio* for two a.m. Two a.m. – the hour was de rigueur, and we once heaped ridicule on a friend for suggesting a different time. The words for a small dish of pasta in Italian are *due spaghetti*. The term always tickles me because it amounts to a cosy euphemism, an indirection, the way in English we minimize a light meal by calling it a snack.

It was after a meal was over and the table cleared and then relaid with further things to eat and with tall liqueur bottles set out like a forest of masts that Luciano and I settled in for serious talk. He had been educated out of the village and for years had lived, studied, and worked in Milan. This meant he had a mind of his own – and he used it. Strong views on many subjects are typically Italian. But Luciano's views were backed up by wide reading in history, religion, and politics, and even on the occasions when I disagreed with him he made me pause and think.

One night over late coffee and drink, with divine eloquence and his usual portion of blasphemy, he demolished a village friend who'd had the temerity to praise Fascist architecture, a thin disguise for admiring Mussolini. In his ability to argue a point Luciano reminded me of Poldino. Uncannily, to me he even looked like Poldino – the grizzly stubble, set jaw, paunch. His raw hatred of Mussolini, Berlusconi, and the institution of the Church of Rome, passions I shared, drew us together. Humour came easily to Luciano too and, unlike with most of stolid Sant'Eusanio, so did irony. His was the only intellectual conversation around.

All our talk, which wove its way in and out of food, in and out of gossip, in and out of the village's history and the lives of Sant'Eusanesi past and present, required the laden table that Lia and Luciano set for me. In its rambling, roundabout way, this talk was building a slow picture, filling in the pieces of a vast jigsaw. The jigsaw, of course, was my own uprooted personal history, a past I had come back to this land to find, 'the face I had before the world was made'.

In all our beginnings is the word. Everyone in Italy, to some degree or other, speaks or understands two languages. One is the so-called national language, Dante's Italian, the Italian of the newspapers and learned institutions. But, in fact, in oral speech what most people use is their own dialect. Language boils down to identity. Italian works as a lingua franca.

In my den, I pored over vocabularies and lexicons of the local language, at first just letting the words wash over me, then trying to sound them aloud with their strange, complicated spellings and double consonants. Sometimes I heard Poldino's voice, speaking the articles *ju* and *ji* or a word I had heard only from his lips. *Sciancàt'*. Lame. Sometimes my mother's, uttering words in that rich, intimate babble that passes between mother and small child. *Scì bbinnìtt'*. Bless you. The shock of recognition prompted a slightly nervous laugh. My mother, who had lived out her three-score years and twelve in Michigan and Illinois, in Massachusetts and Connecticut, who had never in her life set foot in Italy, came perfectly off the page in the Capestrano variant of the dialect she had learned from her father.

Each noon and evening in the months ahead I flew to Luciano's table with my discoveries and questions. Lia herself, who had been born in the heartland of Puglia and at the age of seven had moved with her family to Milan, understood the dialect but did not speak it. Claudia, their twenty-year-old daughter, born in L'Aquila, knew the language well. Over dinner, to our glee, she liked to read us skits and playlets in Aquilano, while acting out the different voices.

In Thompsonville, as kids, whenever we'd heard Italian what we were really hearing was the Aquilano dialect. But this Aquilano came to us as a murmur of voices we were not paying attention to, off stage, indistinct, from another room. We never spoke it. In later years, in my ignorance, I wrongly imagined this dialect to consist of little more than a slightly different vocabulary and clipped verb endings; I would, also wrongly, have termed it Abruzzese. Abruzzese, in fact, is an umbrella of numerous overlapping local dialects. At one point, to distinguish between what in my boyhood I had absorbed of Italian and what of the language I now know was Aquilano, I sat down to study standard Italian.

In Abruzzo I found that Aquilano was not a limited, corrupt tongue to be shunned but a full-fledged language worthy of serious attention. In Sant'Eusanio almost everyone spoke a form of Aquilano at home and to each other. I sometimes doubted whether Ezio, my plumber, knew any Italian at all. Younger men, like Romeo and our neighbour Aurelio, barked at me in their gruff way in this language all the time. 'If you want to live here,' Aurelio once advised me, 'you must learn to speak Sant'Eusanese.'

Aurelio was telling me that if I were Sant'Eusanese I should speak Sant'Eusanese. 'If you are one of us, speak like us.' Language and identity. He did not, by the way, say Aquilano; to him that's what is spoken in L'Aquila. Poldino had told me that although he could hear cocks crowing in Casentino, he had never once set foot there. Casentino is a bare mile away. It is hard to grasp nowadays, with our cars and paved roads, the former isolation of these Abruzzo villages. Little wonder that one place boasts words and variants that the next does not know. Over the whole region the number of these variants is prolific. Today each village, in exaggerated pride, proclaims its own tongue.

Here is an example. I was informed when we bought our house that a certain wooden catch to secure a cupboard or cabinet door, of which we had several, was called a *naticchio*. I was further informed that one village away the word would not be understood. Over the months I tested the proposition. Sure enough, the term left my Casentino electrician blank, as it did Filomena's son at the ironmonger's in nearby San Demetrio. But recently I found the word in an Aquilano vocabulary, where it is spelled *naticchia*.

How exotic and exciting these words on first sight or sound, even the simplest of them. It never failed to amuse me whenever Aurelio sprang up from the table and announced, '*Me ne teng' a jí.*' Gotta go. I frequently regaled my sister down the telephone with my discoveries. The maledictions and imprecations uttered by the Abruzzese are legion. As kids we must have heard the words *sciccisu* and *scimpisu* hundreds of times. The former means may you be killed; the latter, may you be hanged. But such expressions – light years from their original, literal meanings – are now but exclamations. Abruzzese men will affectionately greet each other with a phrase like *Che te pòzzeno...* No ending or completion is pro-vided, for such would spell out a terrible curse. Today's short form is a formula as innocuous as 'What are you doing here?' or 'Well, I'll be.'

In time, around Luciano's table, my ear began to detect the difference between the Sant'Eusanio termination of a given word and that of the same word's ending as spoken in L'Aquila, a city eight miles away. In the latter, many words end in a *u*. In the former, this gets swallowed, and the elision is represented by an apostrophe. But there is one Sant' Eusanese word I am sure has never been heard outside the village. I learned it – or, rather, was exposed to it – one afternoon on my return from work, when I found Ezio, Aurelio, and others on Luciano's verandah, drinking the white Pugliese wine that we all indulged in before dinner. 'Where've you been?' they teased, implying I'd not been up to much. It was Ezio who remarked that I'd gone *struzzimel-lun'*. The others all laughed, as did I. I had never before heard the word and had no idea what it meant but it struck me as richly comic. Over the next days, I tested my new acquisition amongst the villagers. They all knew it, but they pronounced its second half in a variety of ways. To one it was *struzzimal-lon'*, to another *struzzimellen'*. There were other variants too, which should come as no surprise. As a strictly spoken word, *struzzimellun'* has doubtless never been fixed in writing. What I have set down here may well be the first time the word has been recorded.

On the day I was introduced to the *struzzi-* word, the lads explained its meaning but not as precisely as I would have liked. Later, Ezio's wife put it into a helpful context, telling me that her mother used to complain of her father that he'd be out all day but that his absences never came to anything, that all he was good for was to go *struzzimellun'*. So here it was – gallivanting, dawdling, wandering about, dillydallying, loitering. Let me opt for dillydallying, which is appropriately comical and holds the precise meaning of wasting time with aimless stops and pauses. Luciano tried to help with an etymological breakdown. *Struzzo* is Italian for ostrich, an animal which dashes from here to there in fits and starts. Perhaps. But we could never work out the word's problematic ending.

One day, out combing the skies above Assergi for the golden eagle, I stumbled on a key bit of information about my earliest Sant'Eusanio forebears. Samuele Di Giovanni, a bird watcher and doctor friend born in Sant'Eusanio, where ours is the village's commonest family name, was telling me about his ancestry. Out popped the name of one Francesca Di Giovanni, a relative of his, whom we quickly established was none other than Guy Johnson's sister, my great aunt. This made Samuele, most welcomely, a cousin several times removed.

I recalled having been treated to a branch or two of our family tree by a nun in Sant'Eusanio some years before, when I jotted down her findings in a now lost notebook.

Like Samuele, she had recounted that in the year 1630 two Di Giovanni brothers from the dizzying heights of Pietracamela, on the other side of the Gran Sasso, decided to make their fortunes elsewhere. Journeying to Sant'Eusanio, they set up a wool-carding establishment on the edge of village, not far from the Sotterra church. A surprising pedigree. To this day, the stretch of ground where their factory stood is still known as la Valchiera, a place for washing wool and cloth. But only one or two old-timers any longer remember why.

Boston, the city of Poldino's birth, also dates from 1630.

For long weeks at around eight every morning I walked the three-tenths of a mile from the Forconensis down to the village square to open the house for the workmen. Each day I plotted the retreat of the snow on the high ridges of Ocre and, to the south, a shoulder of Sirente. Once, on the night of the eighth or ninth of June, it rained hard, with lightning and thunder, and when day dawned the surrounding mountains were sheathed in white.

This was the hour when mists rose off the river, thinned, and the sun turned the length of the valley a golden dust. In higher fields a mile away, trees and hedges took on a sharpness and clarity one sees only in those perfect miniature landscapes buried in the depths of Renaissance paintings. Sometimes above Casentino the grey cliffside was sliced by a wraithlike cloud that hung motionless, midway between the village roofs and the Ocre skyline. The next day, in this same place, the clouds might be tight puffballs, like the smoke following pyrotechnic explosions. Or there might have been a harder light and no cloud at all. Rarely was there a disturbing sound, but everywhere a feast for the eyes that you never wanted to end. Was this the peace that passeth all understanding?

Poldino had never mentioned the beauty of the place. His Sant'Eusanio was all flies and dust and fetid smells; his Italy, the dead weight of leaden institutions – Church, State, Monarchy – and their handmaidens, stultification and millennial poverty. That he never felt the joy I felt here every morning or glimpsed the exalted landscape I glimpsed every day are sad facts. I sometimes wondered if I was here to live for him the life he never had.

On one of these early morning strolls, unprompted, a word came to mind. In turn, it triggered a rush of others. None was anything to do with my daily exchanges in Sant' Eusanio. Instead, they were words unheard and unremembered for sixty or more years. Not English but straight from Thompsonville, they were elements of a buried language and buried past. And then it dawned on me that those many years ago, in another country, my first language had been an Abruzzese dialect, Aquilano, Sant'Eusanese.

All along then, at least since 1964, my father's village, a secret temptress, had been luring me on, a step at a time, with what all of us spend our blundering lives craving and searching for – a place that explains us to ourselves.

Sant'Eusanio; a personal account
    Susan Ashe

One evening in 1975, we drove up from Rome to Abruzzo. It's only sixty miles, but the road climbs steeply all the way, past dark tiers of forest and rocky outcrops. Pinprick lights in the distance told of remote villages. We stayed the night in L'Aquila and next day headed to where Sant'Eusanio stands on a slight rise in the middle of a plain encircled by mountains, some topped by ruined castles. There were no tourists. I had read that owing to the wildness of the region the Romans used to exile felons here.

I didn't know what to expect. The village intrigued me. Though modest, it looked organic, as if it had grown out of the earth in that stupendous landscape. We didn't stay long, and I left with a feeling of wanting to know more.

Twenty years and several visits later, we are back, owners of a partial ruin which we are attempting to return to something of its original 15th century self. While Norman directs work indoors, I go out for a stroll and am ambushed in the alleyway by our neighbour's dog, who rushes out onto a balcony in a frenzy of yowling and snarling.

'Stop that, Fiocco,' admonishes a passing elderly lady. 'You're screeching like a martyr.' What an image! In paintings martyrs look as if butter wouldn't melt. Clearly, in folk memory, they let rip as anyone would.

At half-past eleven, the November sun is just hauling free of the autumnal fog. As the first rays strike the piazza, cats slink in and sprawl on the cobbles. In the village shop where I go for provisions, three ladies in aprons assemble to gossip. Serving them, the shopkeeper sustains a threeway conversation, much of which I miss since it takes place in dialect, but it's clear they are talking about me. At last someone asks who I am. I give my credentials. The largest woman ponders for a moment, then launches into a recital of the generations of the di Giovanni family, which seems to satisfy her companions.

Back at the house, a small crowd of onlookers has gathered in the front room, still in its smoke-blackened, semi-ruined state. 'I remember when my brother died,' an eighty-seven-year-old man says. He points to a spot near the window. 'His bed was there.' I ask what the boy died of. The old man does not know. 'Probably tuberculosis,' he says. 'That was before the war.'

Mimma tells me that in those days you had to do your laundry at night in the river, since, in the daytime, you were helping your husband in the fields. You took your babies with you and laid them on the ground beside you. Hard times. Things have changed a lot since then. They've changed since I first came here, when Dina milked her cows at 3am, in her cellar stable and the parish priest lined up the school-children in front of the church, in their white First Communion gowns.

I look up at the mountains. For painting, the light is as good perhaps as in the famous places that travellers rave about. Few make it this far. But now, before me is an ocean of gold, ochre, lemon, amber, magenta, scarlet, flame, lime-green, bronze, silver-grey – and that's just the forests.

A tunnel under the Corno Grande has banished the isolation of the region. This comes at a price. The countryside is threatened. Can the Abruzzese people preserve their magnificent landscape and keep their unique villages alive?

Summer, 2007, and we have spent our first nights in the house. I have a work table, built by a local craftsman from salvaged wood. The kitchen lacks a cooker and a sink. The stairs have no risers or banister. But we are *in* at last.

A Village in the Mountains
Edward Ashe

In April, 2009, an earthquake hit the Italian city of L'Aquila, in the Abruzzo mountains, destroying its mediaeval heart and badly damaging surrounding villages. Sant'Eusanio Forconese was among the latter. Many of its people had to leave their homes and move into temporary dwellings installed nearby.

When Norman's father fled Sant'Eusanio in the 1920s, it had just been hit by another kind of earthquake; Fascism. Over the early years of the past century and later, after the Second World War, poverty had forced villagers to leave Abruzzo, many for the USA. On my first visit to Sant'Eusanio in 1990, I encountered what I thought then were vestiges of a way of life about to pass for good. To stand on the edge of one era, peering wistfully into another, is a recurrent human theme. The past seems simpler, somehow more real, whereas the truth is that there was never anything simple about life for the inhabitants of Sant'Eusanio. The older people, who kept their cattle in stables beneath the houses, who made everything by hand from bread to fireworks, didn't think they were a vestige. For them life went on as it always had, just as life always does, until a better way of going about things comes along, or some traumatic event disrupts and destroys it all.

Sant'Eusanio is now undergoing restoration. Care is being taken to return the place as near as possible to its original appearance, to make their village look the way its people remember it.

Introduzione
    Paul Theroux

In Inghilterra, un paese che Norman Thomas di Giovanni conosceva bene, come residente straniero da molto tempo, c'è uno bizzarro fenomeno comico chiamato cavallo da pantomima.

Questo è una cosa floscia, più asinina che equina, con una testa di cavallo di cartapesta da un capo, con zampe anteriori ciondolanti, un pennacchio a mo' di coda e zampe posteriori strascicanti dall'altro capo, e nel mezzo al livello della pancia un visibile torcimento. Dentro il costume ci sono due persone, avvinghiate, che mantengono il cavallo in movimento, qualche volta spingendo in direzioni contrapposte, altre volte sincronizzate meravigliosamente come un cavallo.

Una versione di quel cavallo ha avuto il nome di Borges per molti anni, con Jorge Luis sulla parte davanti e Norman Thomas su quella di dietro; e questo è come Norman Thomas di Giovanni ha passato una grande parte della sua vita attiva, con le sue braccia intorno a Borges, dandogli vitalità, per un pubblico di lettori ammaliato dalle sue storie – 34 in tutto, l'intera produzione narrativa dell'uomo, tutte tradotte da Norman.

Ho appena pensato a questa immagine del cavallo da pantomima, e mi dispiace che Norman non sia con me a condividerla, lo avrebbe divertito. Per più di trenta anni siamo stati constantemente in contatto, prima attraverso lettere, poi via email. Era evidente fin dall'inizio che avevamo molto in comune. Come Norman descrive in Il Paese di mio Padre nacque e crebbe in una comunità italiana di nome Thompsonville, appena fuori Boston. Questa era un'area che io conoscevo come Newton, essendo nato e cresciuto nella vicina Medford – le nostre scuole superiori gareggiavano in discipline sportive, io giocavo a calcio nella nostra squadra contro la scuola di Norman- sebbene Norman avesse otto anni più di me e stesse probabilmente coniugando i verbi irregolari a Antioch College quando io prendevo a calci il pallone per il Medford Mustangs.

In *Tillie and the Tailor*, una raccolta di memorie meravigliosamente evocative di un giovane uomo che si separa da casa per realizzare la sua ambizione di diventare uno scrittore, Norman descrive le sue esperienze di quando viveva in un piccolo appartamento, nel North End di Boston. Io conoscevo quel mondo di giorni di festa e cibo – statue di santi che passavano in processione per le strade strette con banconote di dollari fissate con gli spilli, nell'aria l'aroma del basilico e pomodori sobbolliti. I miei nonni materni, che erano emigrati dall'Italia, finirono a Medford, dove mio nonno era un sarto, e North End era un solido enclave di orgogliosi e patriottici italiani. Io studiavo italiano alla scuola superiore, il mio primo lavoro uscito dall'Istituto di Specializzazione fu in Italia – Urbino- come insegnante.

E altri scritti – la mia prima lettura di Borges e vedere il rimarchevole nome di Norman come traduttore; l'amicizia di Norman con V S Naipaul a Buenos Aires nei primi anni settanta. Avevo conosciuto ed ero diventato amico con Naipaul in Uganda qualche anno prima, e quando Naipaul mi presentò la sua innamorata, Margret, lei menzionò come Norman li aveva aiutati a mettersi insieme e aveva agito da intermediario.

Il mio rapporto con Naipaul era complesso come quello di Norman con Borges, e quando io cominciai a scrivere *Sir Vidia's Shadow*, Norman – con la sua esperienza di Borges- si dimostrò essere un accorto analista degli alti e bassi dell'amicizia letteraria.

Borges era conosciuto ai lettori spagnoli, ma il Borges che i lettori inglesi conoscono non è una traduzione immediata ma deriva dall'intimo botta e risposta tra Borges e Norman descritto in *The Lesson of the Master*, i due uomini che lavoravano insieme, seduti a un enorme tavolo nella Biblioteca Nazionale di Buenos Aires.

Spesso Borges espandeva il suo testo originale, con l'incoraggiamento da parte di Norman, discutendo sulla parola giusta da usare, e a volte questa passionata collaborazione era non tanto nella traduzione di un poema quanto nella creazione di uno nuovo. Borges espresse la sua gratitudine rendendo Norman parte del suo piccolo entourage.

All'inizio erano solo Borges e il trentaquattrenne Norman; poi, per un po' di tempo, durante il breve e disastroso matrimonio di Borges con Elsa Astete Millan, Norman funse da compagno, consigliere, arbitro e factotum, viaggiando con la coppia in un'atmosfera dapprima di ilarità, poi drammatica, poi rancorosa e alla fine di disperazione. Di questo Norman ne fece la narrazione in *Georgie and Elsa*, un piccolo capolavoro – per molti aspetti una farsa, ma data l'usuale detumescenza di Borges, non una farsa da camera da letto.

Norman fu evitto dal mondo di Borges dopo la morte del grande uomo, i suoi contratti annullati. Questo fu un peccato, anzi anche peggio, fu una violenza al lavoro di Borges.

Nella confusione e nello sparlare, Norman offre un indizio sul perché la sua collaborazione con Borges fu un successo, e perché le nuove traduzioni sono così mediocri. «Per noi» scrive' parole troppo simili allo spagnolo dovrebbero essere evitate. *Oscuro* in spagnolo non dovrebbe essere tradotto come *obscure* – e *habitación* dovrebbe essere «room», non «habitation», e *rigido* non «rigid» ma «stiff». Borges che era orgoglioso di conoscere l'Anglo-Sassone, preferiva la parole di origine sassone a quelle di origine latina. Questo infondeva il bleso spagnolo con la dura inglesità, che è uno dei segni caratteristici delle traduzioni di Norman, ora proibito.

Con così tanto in comune, Norman e io rimanemmo legati – mai una parola storta! Era il miglior amico che uno scrittore potesse avere- colto, erudito, un linguista solenne, un traduttore pieno di risorse, uno scrittore con immaginazione, un viaggiatore con ampia esperienza, divertentissimo, e come me irrequieto di natura, un uomo strano (socialista, Protestante). Un alieno impegnato.

La differenza significante era che nella sua irrequietezza e nel suo girovagare, Norman rimase in esilio; e io andai felicemente a casa. Questo è l'essenza di *Il Paese di Mio Padre*, un cristallo luminoso di lavoro, che illumina – almeno per me- la vita intima di Norman. A me sembra un uomo a casa nel mondo, ma quello che questo libro mostra è che lui era qualcuno che bramava per una vera casa, e che aveva trovato nel suo villaggio ancestrale, che descrive qui.

«Sono il figlio di Poldino» dice alla postina nella sua prima visita, e in pochissimi minuti era accolto e celebrato, «*È venuto il figlio di Poldino...*, il figlio di Poldino è qui.» Poi una terza voce fece riecheggiare lo stesso messaggio.

«Non potevo contenere la mia emozione,» continua Norman. «Mai così come allora in vita mia sono stato così completamente sopraffatto dalle emozioni, colpito alla radice.... Le mie lacrime non si fermavano. Dopo un minuto o due – un momento, un eone- una piccola donna venne correndo verso di me. Lei piangeva; io piangevo. Là tra pietre scure e cadenti di Sant'Eusanio mi ero ricollegato a un passato che non conoscevo.»

Poi passarono gli anni, le decadi seguirono passo passo questa narrazione, e con loro la crescente familiarità con il villaggio, il suo peculiare linguaggio, il suo cibo delizioso, le sue abitudini e manie, fino a quando in un'intimità familiare e gratitudine, lo straniero trova finalmente la sua casa.

Il Paese di Mio Padre
  Norman Thomas Di Giovanni

Armeggiamo continuamente con il nostro passato, setacciando e pesando gli eventi per renderli maneggevoli, permeabili ed accessibili alla conoscenza. Così anche con la nostra storia familiare, continuamente rivista, approfondita e semplificata.

La storia della mia famiglia, in poche parole, è questa. Guy Johnson, il padre di mio padre, lasciò l'Abruzzo alla volta di Boston all'inizio del secolo scorso. Lì, nel 1909, nacque mio padre; sempre lì, in seguito, nacqui io. Mio nonno si chiamava Gaetano Di Giovanni; Guy Johnson, una traduzione alquanto approssimativa, era il nome che gli diede l'America. Morì di cirrosi epatica quando avevo dodici anni, lui ne aveva sessantacinque. Lo ricordo come ansimante, asmatico, violento, polemico, difficile. Venne subito allontanato da mio padre e, data la sua passione per l'alcool, non mancò molto che lo stesso fece anche mia nonna. Intorno al 1913, lei lo lasciò, tornando in Italia con mio padre e con le sue due sorelle più piccole.

Il racconto è ricco di aneddoti e dettagli. Il divorzio era impensabile ai tempi in cui accaddero gli eventi. I miei nonni si erano semplicemente separati, non si videro mai più, divisi da un oceano ed in due mondi differenti. Come se fosse vedova, Concetta Pasquantonio si stabilì nella casa di Guy Johnson, a Sant'Eusanio Forconese, un borgo medievale di casupole di pietra, a circa venti o trenta miglia dal suo paese natale, la collinare Ofena. A Sant'Eusanio era conosciuta – e viene ancora oggi così ricordata – come l'*ufanesa*, donna di Ofena in dialetto. Era destino di Guy Johnson diventare un inquilino nella casa della sorella di Concetta, in un angolo di Newton, nel Massachusetts, noto come Thompsonville. Thompsonville, dove sono cresciuto, era una specie di ghetto di immigrati italiani, principalmente abruzzesi provenienti da una serie di paesetti della provincia montuosa dell'Aquila. La caratteristica principale delle nostre vite – di mia nonna, di mio padre e la mia – è che non eravamo cattolici. Da qualche parte uno del nostro lignaggio, secondo la tradizione di famiglia, un membro del nostro «clan», costretto a letto da una lunga malattia, un giorno cominciò a leggere la Bibbia. La mattina seguente la sua branda sarebbe stata trascinata alla finestra, da dove avrebbe parlato ai vicini e ai passanti, ponendo questioni, litigando, arringando, predicando. Questo nostro parente doveva essere molto persuasivo, perché ebbe presto un seguito; in effetti, doveva essere molto convincente, poiché iniziò a convertire la gente, al punto che un vero pastore protestante dovette intervenire per mantenere la situazione sotto controllo. Molto probabilmente questo è accaduto a Ofena, quando Concetta era una ragazza. I protestanti, chiamati «evangelisti», in Italia sono scarsi come i denti di gallina, dove sono addirittura più rari degli ebrei. La stessa Concetta non era da meno. Secondo Guy Johnson aveva la meglio su chiunque con la sua dialettica e non perse mai un dibattito. Ad un certo punto Concetta divenne anche socialista e repubblicana. Tale posizione era solo un passo avanti rispetto alle sue convinzioni evangeliche. Il protestantesimo, in Italia, è un atteggiamento combattivo: anti-Roma, anti-autoritario. Era schietta, sostenitrice della giustizia sociale, difendeva a tutti i costi i poveri e gli indifesi. Si era opposta, in breve, contro i malfattori, contro tutti coloro che perpetravano ingiustizie. Immagino che avrebbe considerato Gesù Cristo il primo socialista. Quelli erano i giorni, prima che il comunismo venisse cancellato, in cui il socialismo implicava una diretta militanza. Nonostante le sue opinioni impopolari, Concetta, con il suo senso del «fair play», si guadagnò il rispetto di tutti a Sant'Eusanio. Una famiglia che la odiava, però, c'era. Quando mia zia Olga sposò Eusanio D'Andrea, che lasciò per lei la Chiesa di Roma, la sua famiglia non perdonò mai né lui né noi. Circa trent'anni dopo, la sorella di Eusanio come seppe chi ero mi voltò le spalle.

Mio padre, Leopoldo – Poldino a Sant'Eusanio; Leo a Thompsonville – era stato allevato sotto l'ala di un predicatore metodista nella vicina città di L'Aquila quando si imbatté in un gruppo di fascisti. Era il 1926. Fu picchiato e purgato con olio di ricino. Poldino aveva sedici anni ed era un cittadino americano. Concetta, che ci aveva visto lungo, non perse tempo e lo mandò da suo padre in Massachusetts. Lì, nel carcere di Charlestown, Nicola Sacco e Bartolomeo Vanzetti, una coppia di immigrati italiani con lo sguardo rivolto verso un domani migliore, sedevano in attesa di essere giustiziati sulla sedia elettrica. Poldino non parlava una parola di inglese; la sua educazione era finita, quella che avrebbe potuto essere una carriera era ormai andata in rovina. Non vide mai più sua madre. Il Socialismo divenne la sua religione. Sono nato nel 1933 e porto il nome del leader del partito Norman Thomas.

Sant'Eusanio Forconese si trova a cavallo della spina dorsale d'Italia, tra le vette più alte dell'Appennino. Geograficamente è l'Italia centrale; come temperamento, è sud italiano. Il cuore dell'Abruzzo è roccioso; i suoi inverni sono freddi e nevosi, con un sano e secco freddo; le colline, dove sono rivestite, sono ricoperte da foreste di faggi e querce. Le estati, ovviamente, sono secche e calde. Per millenni, gli altipiani e le valli montane sono serviti da pascolo estivo per pecore e un tempo, anche per le capre, una pratica che prevedeva un tragitto annuale da sud lungo una rete di tratturi. In epoca medievale queste «strade per pecore», che misuravano un centinaio di metri di larghezza, erano intervallate regolarmente da una serie di chiese per i pastori che oggi resistono ancora. Tali costruzioni ricordano che l'intera economia di questa terra, altrimenti irriducibile, un tempo si basava sull'allevamento di pecore e su un'industria locale della lana.

Il tempo è lungo in questi luoghi. Mentre le radici più prossime di Sant'Eusanio Forconese sono in una delle cinque ville romane, o borghi di campagna, di un centro ormai scomparso noto come Furcona e Forcona, ci sono necropoli nelle vicinanze e un forte dell'età del ferro sulla collina ai margini del villaggio che risale almeno al IX secolo a.C.

I santeusanesi – se per un momento potessimo mettere da parte la dubbia premessa che ogni linea di sangue è puramente lineare – sono discendenti di una tribù preromana, i Vestini di lingua osco-umbra. Su di loro non si sa molto, tranne che rimasero ostili a Roma per secoli fino a quando per trattato, nel 290 a.C., divennero alleati romani. Un tempo tali importanti insediamenti da queste parti – le città di Furcona, Peltuinum e Aveia – erano chiamati romani, ma erano a tutti gli effetti, popolazioni Vestine. Gli abitanti di questo territorio sono sempre stati, e lo sono tuttora, abituati a faticare e ad affrontare ogni avversità. Gli Aquilani, abitanti di cime solide e montuose, sono notevolmente autosufficienti, autonomi e fieramente indipendenti. Questa è sempre stata una società rustica; i suoi membri hanno sempre vissuto un'esistenza frugale.

Anche a Thompsonville, nella mia infanzia, quelli della prima diaspora abruzzese tendevano a seguire le loro tracce.

Se potevi implorare, prendere in prestito o rubare una carriola, diventavi un appaltatore. Se riuscivi a mettere le mani su un camion, diventavi un trasportatore. Ogni uomo lavorava per se stesso. I figli potevano entrare in affari con i loro padri, i fratelli con i fratelli, ma con nessun altro. Questo faceva parte del bagaglio del Vecchio Mondo che molti aquilani portavano con sé in America.

Il paese di mio padre, ai suoi tempi così come ai giorni nostri, è stato più agricolo che pastorale. Sant'Eusanio si trova vantaggiosamente nel mezzo di un'alta pianura, un'ampia valle, attraverso la quale scorre l'Aterno, un piccolo fiume la cui sorgente si trova nel Gran Sasso e la cui foce è a Pescara, sull'Adriatico. La terra intorno al tumulo su cui il paese è disposto in modo compatto è piatta; il suolo non è solo profondo e ricco, ma è anche dotato di un sistema di irrigazione regolamentato. Qui ci sono gli orti degli abitanti, le loro strisce di terra, dove, nel loro tempo libero, con trattori e motozappe, gli uomini di Sant'Eusanio creano colture agricole che manterranno le loro mogli occupate alla fine della stagione mettendo in dispense 300–500 barattoli di pomodori, ad esempio, da usare durante i lunghi mesi invernali.

Ai tempi di mio padre, gli uomini lavoravano in questi campi in estate prima di lasciare le loro famiglie per cercare lavoro per la metà dell'anno più fredda in posti come la Germania, il Belgio o la Francia. Il lavoro lì era spesso nelle miniere di carbone. Guy Johnson lavorò nelle miniere tedesche e forse anche in Ungheria. Il padre di mia madre, che non è mai tornato in Abruzzo, ha lavorato nelle miniere di ferro della penisola superiore del Michigan e in seguito, prima di trasferirsi a est, nei bacini carboniferi di Springfield, nell'Illinois. Guy Johnson possedeva a Sant'Eusanio un po' di terra buona, e sufficientemente pianeggiante. Gli appezzamenti pianeggianti dovevano essere sfruttati al massimo. Il suo non era uno di quei fazzoletti di terra circondati da conati di ghiaione grigio, simili a cascate di lava ghiacciate, come quelli che si trovano nelle pieghe delle colline di tanti villaggi abruzzesi e che si aggrappano precariamente ai pendii appenninici. Concetta pagò dei ragazzi locali per zappare la sua vigna e barattò con altri il taglio della sua legna da ardere. Autosufficienza. La sua cantina era ornata con salsiccia stagionata, salame, prosciutto e fili intrecciati di cipolle e aglio.

Ai suoi tempi altri paesani coltivavano il foraggio, che tagliavano e portavano a casa sugli asini per nutrire il bestiame custodito in stalle cavernose sotto le case. Gli animali – mucche, maiali, capre, polli, conigli, tacchini, a volte anatre – fornivano cibo e un riscaldamento centrale naturale. Gli angoli delle stalle erano usati come servizi igienici. Il paese di conseguenza puzzava ed era popolato da mosche e topi. Ma c'erano gatti in abbondanza, e la melma che uomini e animali lasciavano sul pavimento di pietra di queste stalle tornava ai campi come concime. Durante le notti d'inverno, nell'infanzia di Poldino, le stalle erano anche dei centri sociali. I vecchi bevevano e giocavano a carte e raccontavano storie; le donne spettegolavano, filavano, lavoravano a maglia.

Oggigiorno, per la maggior parte, queste cantine sono inutilizzate, ridotte a semplici spazi di magazzini per oggetti troppo buoni per essere gettati via ma non abbastanza per servire per qualsiasi altra cosa. I santeusanesi chiamano questi locali pagliai, in riferimento al fatto che una volta potevano contenere fieno e paglia. E, sì, nei loro angoli anche adesso ti imbatti in qualche vecchia balla, polverosa, rancida e annerita dall'età. È possibile misurare la ricchezza di un uomo nel villaggio per il numero di questi pagliai che rivendica e in cui custodisce gelosamente strumenti arrugginiti e scarti di ogni tipo. Alcuni, però, ospitano piccoli laboratori privati o cucine rustiche con forni a legna e vecchie stufe per far bollire una vasta gamma di conserve. Altri vengono restaurati e trasformati in eleganti rustici e taverne. Lungo Sant'Eusanio, incassati nelle mura degli edifici nei vicoli e ai lati della piazza, si trovano ancora oggi gli anelli di pietra dove erano legati quei veicoli primitivi, gli asini.

Nell'aprile del 1964, all'età di trent'anni, vidi per la prima volta un posto, una campagna, un paese, un popolo che, inconsapevolmente, avevo conosciuto per tutta la vita. Il treno da L'Aquila, dove mi ero sistemato nell'hotel più modesto, umido, oscuro e fuori tempo, si fermò alla stazione di San Demetrio, a circa un chilometro dalla casa d'infanzia di mio padre. La strada a quel tempo era sterrata – una strada bianca come la chiamano gli italiani – e bianca era. Ogni volta che passava un camion o un'auto, una nuvola calcarea mista a metallo si sollevava, coprendo il margine erboso, gli alberi e chiunque altro si trovasse a piedi, avvolgendo tutto in una polvere bianca come il gesso che riempiva l'aria per altri cinque minuti prima di depositarsi.

Poco e molto è cambiato a Sant'Eusanio in questi ultimi quarant'anni. Nel 1964, l'ingresso principale del paese, la sua piazza, i suoi vicoli erano tutti sterrati. L'unica acqua disponibile veniva da una fontana di pietra nella piazza. Le donne si riunivano lì per portarsela a casa sulle loro teste – camminando erette, con le mani giù per i fianchi – in vasi di rame appositamente progettati chiamati conche.

Ho trovato il mio percorso lungo la strada, poco oltre l'odierna farmacia, al vecchio ufficio postale. Tutti gli occhi erano puntati su di me. Ero vestito con una pesante giacca di tweed contro il freddo, un ovvio forestiero, eppure, nonostante pochi stranieri fossero passati di lì, forse non ero del tutto un estraneo. Ero il figlio di Poldino, dissi all'impiegata delle poste, e menzionai il nome del cugino di mio padre, la famiglia per la quale mi trovavo in visita lì. Passandomi accanto, la donna si mise in mezzo alla strada e cominciò a urlare in direzione della piazza. «È venuto il figlio di Poldino», disse a squarciagola. Da qualche parte, nella piazza, un'altra persona trasmise il messaggio. Il figlio di Poldino è qui. Poi ancora una terza voce faceva riecheggiare lo stesso messaggio.

Non potevo contenere la mia emozione. Mai così come allora, sono stato completamente sopraffatto, così colpito alla radice. Tutto era nuovo per la prima volta: visioni, suoni, odori, volti. Eppure allo stesso tempo tutto era incredibilmente familiare. Come poteva essere così? Le mie lacrime non si fermavano. Dopo un minuto o due – un attimo, un secolo – una donnetta venne correndo verso di me. La moglie del cugino di Poldino; non sapevo nemmeno il suo nome. Ci abbracciammo. Lei piangeva; io piangevo. Lì, tra le pietre scure e cadenti di Sant'Eusanio, mi ero ricollegato a un passato che non conoscevo.

Era il mio giorno, un giorno, e misericordiosamente breve, perché fui completamente sopraffatto dagli eventi. Stordito, passai le ore a zigzagare. Ho visitato il castello in rovina sulla collina, un posto alla cui rovina aveva contribuito Poldino, facendo rotolare le pietre lungo la collina con i suoi compagni. Sosteneva di aver abbattuto «due o tre torri, la maggior parte delle mura intorno alla chiesa e parti del campanile». Era stato il suo sogno, la sua ambizione segreta, mi confidò, di demolire completamente la chiesa, un'impresa che aveva considerato un atto rivoluzionario. Sono stato fotografato nella piazza davanti alla porta della chiesa con Eusanio Aniballi, il vero comunista del villaggio, un uomo di dodici anni più vecchio di mio padre. Eusanio aveva lavorato a Terni, un centro siderurgico e ferroviario in Umbria, dove era entrato a far parte di un sindacato radicale. Durante le sue visite a Sant'Eusanio, si riuniva con Concetta ed il suo orecchio sempre ben disposto ad accogliere questioni sociali e di lotta di classe.

In qualche modo, nel mio stato di agitazione, trascurai di scoprire quale fosse stata la sua casa, la casa di Guy Johnson. Era rimasta identica al passato in un angolo della piazza, di fronte al forno comunale, come scoprii in seguito. Ma quel giorno l'avevo semplicemente tralasciata. Tuttavia, individuai la sua tomba. Mia nonna era sepolta nel cimitero dietro l'antica chiesa inferiore, dedicata alla strana Madonna Sotterra (Era la Madonna che era sottoterra, scherzava il sempre anticlericale Poldino, o era la Madonna per quelli che erano sottoterra?). Concetta era decisamente in terra, non in uno di quei loculi in cemento armato, né in uno dei costosi mausolei di dubbio gusto, tutti in marmo e bronzo, che adornano il recinto del cimitero. Un ciuffo di iris spuntava accanto alla sua croce di ferro storta e arrugginita. Da una bolla di vetro sigillata su una semplice lapide, la sua fotografia mi guardava: capelli ricci e leggermente arruffati, naso a uncino di mio padre, una donna chiaramente della mia famiglia. La lapide, che era spezzata a metà e rattoppata malamente, portava le sue date, 1883–1951, e vi erano inscritte le parole di Gesù da San Giovanni 14:6, ovvero: «Io sono la via, la verità e la vita ...».

Cinquant'anni dopo la sua morte, i resti di Concetta furono dissepolti e collocati nel mausoleo della famiglia che ora possiede la casa di Guy Johnson. Fu un atto di pietà e di apprezzamento da parte loro per una donna che aveva mostrato a una famiglia molto povera una grande gentilezza e generosità. Se fosse stato possibile, avrei lasciato mia nonna indisturbata sotto l'iris e la pietra rotta. Il luogo in cui ha riposato per mezzo secolo ora è vuoto, l'iris scomparso. Ma la croce arrugginita in ferro battuto è lì, ancora inclinata – come d'altronde anche lei nella vita – a sinistra.

Quella giornata, però, era stata guastata da due particolari. Non mi aspettavo di vedere, in tutti quegli anni dopo la fine della guerra, i famigerati slogan di Mussolini ancora intatti sui muri nella piazza del paese. Mi venne il voltastomaco. Uno era decorato sulla facciata principale della casa del prete. Ora non c'è più, la facciata è stata ritinteggiata. Un secondo, sulla facciata del palazzo della Casciola, è ancora ben distinguibile. «Credere, ubbidire, combattere.» L'intero credo totalitario in tre parole. Mio padre ha maledetto l'Italia per settimane dopo che gliela riferii. Oggi guardo con occhi diversi questi graffiti. È possibile vederli ancora oggi, sbiaditi ma leggibili, sui muri delle vicine città di San Demetrio e Fossa. Rimangano come un promemoria della politica marcia, vanitosa e vanagloriosa del fascismo. Come ridacchio e sogghigno ogni volta che a San Demetrio leggo – e provo un grande piacere nel ripetere a tutti quanti – che «l'Italia, con una camicia nera, è e sarà invincibile».

La seconda delusione fu la peggiore. Mi trovavo sulla terrazza dei miei parenti, mentre ammiravo il panorama che spaziava da Casentino a Cerro alle rovine del castello. La donna che poco prima era corsa a salutarmi stava ora

94

spiegando che cosa aveva significato per loro Mussolini, cosa aveva fatto per loro, come aveva restaurato il loro orgoglio italiano e come li aveva fatti sentire importanti. Lo espresse con un gesto di accompagnamento, prendendo un respiro, allargando il petto, alzando la testa. Non le ho chiesto quale parte avessero giocato l'Etiopia o l'Albania o la Grecia nel suo trionfo. Non ho menzionato le infami leggi che il suo eroe aveva inflitto agli ebrei italiani. Non ho menzionato le truppe italiane che aveva spedito a Stalingrado in inverno con le scarpe di cartone. Non ho accennato alla purga di olio di ricino di mio padre. In una lettera che mi inviò nove anni dopo, Poldino definì questi cugini come kulaki.

Passarono undici anni prima che tornassi nuovamente in quei luoghi. Ho vissuto in Europa, in Inghilterra e in Scozia, e ho lavorato per una lunga estate a Parma e a Roma, preparando un romanzo basato sul film di Bertolucci 1900. Alla fine del nostro soggiorno, prima di lasciare l'Italia, io e Susan decidemmo di dare un'altra occhiata all'Abruzzo, questa volta spostandoci con un'auto a noleggio.

Sant'Eusanio, con la sua strada d'accesso asfaltata, la piazza e le stradine ora ben lastricate di piccoli blocchi di pietra nera, con tubature interne in tutte le case, era stato strappato dal suo stagnante passato secolare. Ho reso omaggio a Concetta giù al cimitero e questa volta siamo andati dritto a casa di Guy Johnson. Una vecchia coppia, amici intimi della mia zia più giovane, Olga, possedeva la casa. L'avevano acquistato da lei per pochissimi soldi prima che lei ed Eusanio emigrassero in America nei primi anni Cinquanta. Mi tornano in mente le lettere di Olga a Poldino di quel periodo. Nominalmente, la casa era in parte sua, e voleva il suo permesso di trasmetterla ai suoi amici. Il povero Poldino, che era ancora conscio e infuriato per i mali dell'Italia fascista, non voleva saperne niente. Per quanto lo riguardava, Olga poteva fare di quel posto ciò che voleva. Se i suoi amici erano in condizioni disperate ma comunque degni, come lei stessa aveva avuto modo di informare suo fratello, avrebbe potuto lasciargliela.

Così fecero, e quell'estate, quando bussai alla loro porta, Mimma Carosone mi salutò con le parole: «Benvenuto a casa tua. E dico sul serio, la tua casa». Era un posto modesto, in pessime condizioni, e mentre mi veniva mostrato ruotai cautamente una maniglia e mi trovai improvvisamente in una grande stanza a due piani, un capannone, un vero pagliaio, proprio fuori dalla cucina. Mimma stava cucinando un coniglio. Sono stato accolto con del vino, fatto da loro, proveniente direttamente dalla vigna di Concetta, e fui subito invitato a pranzo. Mimma mandò Raffaele, suo marito, a prendere un'altra brocca da un grosso barile sotto la casa, e mi ordinò di accompagnarlo. Mario, il postino, arrivò con una lettera e bevve un bicchiere anche lui. Era ebbro di allegria; chiaramente deve averne prosciugato uno ad ogni fermata.

Mimma telefonò a due dei suoi tre figli per invitarli ad incontrare il nipote di Olga. Si appalesarono in coppia: erano due ragazzi robusti di vent'anni meno di me, con baffi ispidi e modi rustici. Uno lavorava per la compagnia telefonica; l'altro era un idraulico. Ognuno di loro mi diede un abbraccio formale ma sincero e mi baciarono su entrambe le guance. Mimma aveva ragione; ero a casa.

Guidammo su e giù per la piana di Navelli e oltre, facendo tintinnare i nomi delle famiglie di Thompsonville ogni volta che passavo in città o paeselli da cui sapevo di aver attinto. Timmy Pignatelli di Civitaretenga. Sebastian Di Felice di Navelli. La mia tribù da parte di mia madre, a Fontecchio e il Di Matteo, di Capestrano. In piena agitazione, vedevo interi paesi di montagna quasi completamente abbandonati, perché, tre volte in cento anni, a causa della terribile povertà, l'Abruzzo era stato svuotato dall'emigrazione. Stranamente, la mia famiglia aveva fatto la sua parte in ogni fase dell'esodo: i nonni durante la prima ondata intorno all'inizio del secolo, Poldino dopo la prima guerra, e Olga dopo la seconda.

Dopo la vertiginosa, soffocante Roma invasa dai turisti, questo abitato dell'Abruzzo sembrava un'oasi, un paradiso.

Tornammo diverse volte, ma per periodi sempre troppo brevi perché non c'era un posto conveniente nei paraggi dove alloggiare. E poi, un giorno, una parola fortuita in un luogo molto improbabile – nel ventosissimo Exmoor – mise nuovamente l'Abruzzo in cima alle mie priorità. Avevo trovato una posizione sul confine Devon-Somerset per il mio amico fotografo Ken Griffiths. Una mattina, bevendo brandy, soffiando sulle nostre mani e aspettando, letteralmente, che la brezza asciugasse un tratto di asfalto bagnato, ho accennato al mio background in Italia centrale all'assistente di Ken, Giovanni Diffidenti, bergamasco. Mi stupiva che conoscesse l'Abruzzo più recondito. Quando Ken chiese con aria maliziosa di quale parte della Sicilia stessimo parlando, Giovanni lo mise subito al corrente sulle virtù Abruzzesi. Accennai quindi anche a Sant'Eusanio Forconese, il paese di mio padre. Queste ultime tre furono le parole giuste, perché innescarono immediatamente l'immaginazione di Ken. Una settimana dopo eravamo su un volo per Roma.

Era la fine di novembre o dicembre nella provincia dell'Aquila. I fianchi di Ocre, lo sfondo di Sant'Eusanio a sud-ovest, una lunga gobba di una montagna che si elevava a un'altezza di oltre 7.000 piedi, era ricoperta di neve, con le sue numerose creste contrafforte incise con linee nere affilate. Eravamo in ricognizione. Ken aveva portato solo una macchina fotografica, ma ancor prima di raggiungere la nostra destinazione il paesaggio e l'aspetto generale della zona lo avevano convinto. Nel momento in cui siamo entrati a Sant'Eusanio, sapeva di aver trovato una storia.

Era obbligatorio cenare con Mimma e Raffaele; per me era obbligatorio che anche noi rendessimo omaggio a Concetta, dove Ken mi fotografò accoccolato accanto alla sua lapide. Per il resto, abbiamo attraversato in lungo e in largo il paese, dove la maggior parte dei vicoli può essere percorsa solo a piedi, facendo domande a non finire e prendendo appunti. Eravamo determinati a tornare in primavera a fare un serio lavoro durante la festa di maggio in onore di Eusanio, il santo, martire e patrono del luogo.

E così facemmo. Dato che da cosa nasce cosa, tornammo di nuovo in estate, ad agosto, per la più elaborata festa della Madonna del Castello, quando una banda sfila per il paese e si svolgono spettacoli serali e suggestivi fuochi d'artificio illuminano il cielo notturno. Questo è il mese in cui case buie e spente prendono improvvistamente vita e Sant'Eusanio brulica improvvisamente di visitatori, gente del posto che possiede ancora una casa nel paese ma che vive e lavora per tutto il resto dell'anno a Roma e Milano o all'estero a Lille, Lussemburgo e Dunkerque. (In inverno la popolazione consta di meno di trecento abitanti).

Il figlio maggiore di Mimma ci aveva messo a disposizione un suo appartamento sfitto ai margini del paese. Io e Susan, partimmo alla fine di luglio, con il mio figlio minore; in seguito ci raggiunsero altri nostri figli, amici e, infine, Ken e Giovanni. Era la prima volta che trascorrevo una notte a Sant'Eusanio, e nelle sei settimane impegnatissimi eravamo sempre in giro per decine di strade secondarie, la maggior parte non asfaltate, alcune abbastanza difficili e molte delle quali indicate solo su mappe militari. Le più memorabili erano le antiche carrarecce che si inerpicavano sui pendii densamente boscosi verso le magiche vette delle *pagliare* di Tione degli Abruzzi e Fontecchio, situate su pascoli estivi d'altopiano e costituite da grappoli di antiche e fatiscenti capanne di pietra. Visitammo la Sulmona di Ovidio, passammo al setaccio Campo Imperatore e i borghi ai suoi fianchi: luoghi come Calascio, Santo Stefano di Sessanio e Castel del Monte. Insieme al mio figlio maggiore arrivammo addirittura in cima alla vetta occidentale di Corno Grande, il punto più alto dell'intera catena appenninica.

Partimmo, inconsapevolmente, una di quelle mattine d'estate non eccessivamente bollenti. Era verso i primi di agosto. In lontananza, durante la salita, nuvole nere si avvicinavano minacciosamente da ovest. Improvvisamente la montagna era deserta, tranne un paio di alpinisti francesi ben preparati. Subito dietro di loro, ci arrampicammo sugli ultimi metri di roccia nuda attraverso le nuvole. Una volta in cima, per alcuni secondi, si aprì uno squarcio di Campo Imperatore; altrimenti non avremmo visto nulla. Mentre scendevamo, fiutando il pericolo, i francesi continuavano a urlarci le indicazioni, perché i segnali del sentieri erano pressoché invisibili. Appena raggiunto il sentiero più facile sulla via di ritorno il cielo si scatenò. Una grandinata impenetrabile calò su di noi con grosse palle pesanti e dai bordi taglienti. Fummo costretti a fare un capannello con le nostre teste pur di respirare. Dopo un minuto o due la grandine si trasformò in un nubifragio, e sotto i piedi il ghiaione iniziò a muoversi, un fiume, un flusso con un suono simile a quello dei ciottoli. Quando la pioggia si placò eravamo fradici; poi, con ancora una lunga camminata davanti a noi, si alzò una brezza gelida.

Ci facemmo strada verso l'altopiano. Erroneamente, pensavo che avremmo dovuto dirigerci verso il rifugio Duca degli Abruzzi, che è situato sul precipizio di una cresta esposta. I francesi, che ormai si trovavano a circa duecento metri da noi, erano chiaramente preoccupati per la nostra sicurezza. Prima di immergersi in una via di discesa più riparata, si fermarono, si voltarono a guardarci e cominciarono ad agitare le braccia nella direzione da prendere. Seguimmo il loro consiglio, ma molto prima di raggiungere la stazione della funivia, dove era parcheggiata la nostra auto, Susan ed io stavamo chiaramente soffrendo gli effetti dell'ipotermia. Lei aveva già iniziato a perdere l'uso delle sue membra ed era inciampata e caduta più di una volta. Ormai il cielo era un'imponente massa di nuvole che sfrecciava sopra le nostre teste. I nostri salvatori se n'erano andati, l'intero posto era abbandonato, e temevo che la stazione stessa sarebbe stata chiusa a chiave. Non lo era. Dovevo fare pipì, ma le mie mani tremavano così violentemente che non riuscivo ad aprire la zip dei pantaloni. Affondai le mani in una bacinella, alternando il getto di acqua calda e acqua fredda, perché non riuscivo distinguere la temperatura. Lasciai gli altri là e mi precipitai verso la nostra macchina, a un centinaio di metri di distanza.

Girare la chiave nel quadro era quasi impossibile. Era un sollievo essere fuori dal vento, ma non riuscivo ancora a controllare il tremito involontario delle braccia e dovevo afferrare il volante così stretto che i tendini del collo erano sul punto di spezzarsi. Solo per scorgere il cielo attraverso il parabrezza scatenava nuovi tremori nelle mie membra, e non vedevo l'ora di scendere la lunga e tortuosa strada che portava sotto la linea degli alberi, dove c'era un bar che ci avrebbe ristorato con qualcosa di caldo da bere. In Italia, come è noto, non puoi avvicinarti al bancone del bar e chiedere qualcosa se non sei già passato per la cassa. Al nostro arrivo, un gruppo di quindici scolari erano in fila. Armeggiavano con monete e cercavano di pagare una cartolina, un souvenir, un dolce. Dalla macchina per caffè espresso, l'addetto, vedendoci in difficoltà e capendo la nostra condizione ci fece segno di saltare la coda e pagare in seguito. Ci rifocillammo con caffè e alcol. Eravamo ancora ad una quarantina di chilometri da casa. Lì preparai dei rum e li bevemmo in un bagno immersi fino al collo nell'acqua più calda possibile.

Tom, diciottenne, non aveva sofferto affatto. Il giorno dopo, per paura di perdere il controllo, decisi che dovevamo scalare un'altra montagna. Così facemmo, questa volta andando dalla parte opposta, passando per Rocca di Cambio e le piste da sci intorno a Campo Felice, fino alla cima più sicura di Monte Rotondo. Il tempo era splendido. Era di nuovo caldo e soleggiato.

Forse le rivelazioni più importanti e certamente più concrete di quell'estate arrivarono dai libri. Tutto ciò che vedemmo lo verificammo con la lettura. Gli studi locali in proposito erano tanti. Storia, guide di montagna, guide botaniche, libri d'arte, in particolare di architettura. Molte mappe, tra cui una serie di fogli di rilevamenti topografici, mi vennero regalate da uno dei figli di Mimma. Avevo abboccato all'amo senza nemmeno rendermene conto. L'elemento decisivo arrivò quando dei librai di L'Aquila, una coppia con un locale estivo nel villaggio abbarbicato e praticamente abbandonato di Santo Stefano – un tempo avamposto dei Medici ma alla fine degli anni '80 un umido labirinto di muri senza tetto che crollavano e strani tunnel e passaggi – ci invitarono per mostrarci come avevano realizzato il loro sogno in quel posto. Loro e un'altra coppia, pazientemente e con gusto, avevano salvato e ristrutturato una serie di piccole case. Una di queste aveva una piccola grotta che si snodava nella roccia viva sul retro, la sua temperatura durante tutto l'anno era così costantemente fredda da essere usata come un frigorifero senza porte. I proprietari di questi due posti erano colti cittadini, insegnanti, intellettuali. Ne fui meravigliato. Nel paese di mio padre non c'era nulla di simile. Dopo aver mangiato il frutto dell'albero mi si aprirono gli occhi. Una buona porzione di Sant'Eusanio era vuota e cadeva a pezzi. Chiesi così a Mimma di aiutarmi a trovare un tugurio da comprare.

Anche se una buona metà – o più – di Sant'Eusanio consisteva in tuguri disabitati, avrei potuto acquistarne uno? La risposta era no. «Qui non vendiamo, compriamo», mi informò uno dei locali. E così andò avanti la storia per quattro o cinque anni. Sempre – e nonostante gli sforzi di Mimma – c'era il muro della resistenza contadina, il sospetto contadino, il conservatorismo contadino. Nonostante tutto non venivo visto come qualcuno totalmente estraneo a questi luoghi; tutto il villaggio aveva conosciuto Concetta e molti avevano conosciuto Poldino. Alcuni avevano persino cominciato ad considerarmi come uno di loro.

Il problema era semplice. A Sant'Eusanio case, proprietà, terreni erano in gran parte ereditati o scambiati. Niente aveva un prezzo perché non è mai stato venduto niente. Se per caso un contadino avesse nominato una somma e tu l'avessi accettata, lui sarebbe andato a casa, avrebbe meditato sulla transazione, e avrebbe immaginato che si poteva chiedere di più perché avevi anche detto prontamente di sì. Questa era una comunità chiusa. Mi scontravo con la sfiducia primitiva, la paura del contadino di essere raggirato.

Nel maggio del 1994, Ken e io stavamo di nuovo girando attorno a Sant'Eusanio in una ricerca senza fine di materiale iconografico, quando, la nuora di Mimma, annunciò che le erano state lasciate di recente due proprietà. La migliore, disse, era nella vicina San Demetrio. Per curiosità, siamo andati a vederla. Non ho bisogno di descrivere il posto. Non avevo alcun interesse per San Demetrio, nessun legame con quel paese. Lucia accettò prontamente la mia decisione, ma fu in qualche modo restia a mostrarmi l'altra alternativa. «Non è per te,» disse. «Tu vieni dall'Inghilterra, la casa è piuttosto fatiscente». Ma in rovina quanto? Volevo sapere. Davvero così tanto fatiscente? «Sì», disse, «sfasciata, sfasciata, sfasciata». In rovina.

Un rudere era esattamente quello che stavo cercando. Non mi piaceva il modo in cui i santeusanesi avevano l'abitudine di ristrutturare le loro proprietà. Case in pietra, molte delle quali risalenti al 1400, venivano pavimentate e rivestite con costosi marmi lucidi; le porte erano fatte di alluminio; i tetti per riparare un ingresso o una terrazza, di plastica. Per tutta la vita, per generazioni, gli abitanti del paese avevano vissuto in catapecchie che venivano periodicamente danneggiate o distrutte dai terremoti; negli ultimi tempi i paesani erano andati all'estero e avevano guadagnato abbastanza; avevano preso lo stile da Milano e da Roma. I loro gusti erano fatti di stucco. Volevo qualcosa che nessuno avesse rovinato spendendo oltretutto dei soldi. Dopo un minuto e mezzo nella rovina di Lucia capii che avevo quello che volevo.

L'esterno era squallido ma notevole, con finestre di pietra che sembravano guardare da sopracciglia severe. La casa si trovava in un vicolo largo esattamente due metri e mezzo, il posto sia dentro che fuori aveva caratteristiche uniche. La facciata conteneva una minuscola finestrina con imbotti di pietra come non se ne trovavano in tutto il resto del paese. Nella porta d'ingresso era rimasto intatto un minuscolo frammento di affresco, il residuo di un dipinto antico di indubbio significato religioso. C'era anche uno spioncino, che era stato modellato tagliando un canale diagonale in una parte del muro, in modo che da una stanza al piano di sopra si potesse vedere chi fosse davanti la porta d'ingresso. Un paio di pali corti sporgevano dai lati di una finestra, sui quali veniva teso il filo per stendere i panni. Dentro c'erano due stanze, una dietro l'altra. La prima, che era piena zeppa delle solite cianfrusaglie, assi deformate e legni storti, aveva un soffitto in legno annerito dal fumo; nella seconda, su un lato del muro, c'era un antico lavello che era stato scavato nel calcare nativo e che si svuotava direttamente sulla strada sottostante. Questa stanza, una specie di fienile, era riempita al livello del davanzale con balle di più di cinquant'anni.

Lucia non mancò di sottolineare che il pavimento era un buon metro sotto i nostri piedi. Questa stanza non aveva il soffitto ma dava direttamente sul tetto. Chiesi come potevo salire nella stanza di sopra sul davanti. Ci fu una lunga pausa. Lucia avrebbe potuto mostrarmi la stanza di sopra, disse, ma non ne era la proprietaria. Ebbi quindi una lezione su come le proprietà sono state divise tra diversi figli, verticalmente e orizzontalmente, creando così impossibili celle di un favo. Quella di Lucia consisteva solo in due stanze. Per salire al piano superiore dovevi entrare in una cella e mezza di qualcun altro da un ingresso su un lato differente e poi gestire la pericolosa salita su di una scala evanescente. Una cantina, tuttavia, un'ottima cantina per metà sotto terra era stata ricavata in questa seconda cella.

Ken e io entrammo dall'altro ingresso per ispezionare. La stanza era solo un corridoio poco illuminato ad uso cucina il cui pavimento era lastricato di ciottoli rotondi. La stanza al piano di sopra, con una piccola finestra, era nera come la pece; il pavimento era composto di vecchi mattoni posati sulla terra. Dalla terza scala quasi inesistente, si accedeva alla terza cella, un'ulteriore stanza, intera sopra e una mezza sotto; era visibile grazie a un terremoto degli anni '50 che aveva lasciato nell'interno un periglioso ammasso di assi, mattoni e intonaco fracassato. La terza cella ovviamente, apparteneva a una terza parte in causa.

Nessuno di questi terzi di proprietà era redditizio senza gli altri due. Se ci volevano anni per trovare qualcuno disposto a separarsi da un tugurio, che possibilità avevamo di acquisire gli altri due? Nessuna pensai. Ma Lucia era sicura che i proprietari della seconda proprietà avrebbero venduto. Avevano bisogno di soldi per una nuova casa che stavano costruendo. Ansioso di concludere qualcosa, volevo lasciare a Lucia un acconto simbolico prima di tornare in Inghilterra che lei non avrebbe toccato finché anche Susan non fosse venuta a vedere il posto. Lucia voleva milioni, nella vecchia lira, e dovevo convincere Ken a convertire in sterline. Risultò che un garage per un auto in Inghilterra sarebbe costato di più.

Passammo una estate tesa tentando di acquistare l'intero pacchetto. Fortunatamente, la seconda parte si dimostrò ansiosa di vendere e, per fortuna, erano legati alla terza parte. Sapendo che non avremmo comprato se non avessimo potuto avere tutti e tre i posti, la cella due avrebbe fatto pressione sulla cella tre. Una donna sugli ottant'anni possedeva il rudere terremotato e voleva venderlo; così fece sua figlia, in Canada. Un figlio che viveva nelle vicinanze, tuttavia, era chiaramente insoddisfatto. Non riuscivo ad immaginare cosa avrebbe potuto farne di quel caos cadente di una stanza e mezzo di proprietà di sua madre. Probabilmente si trattava solo della vecchia resistenza contadina, della paura genetica e della sfiducia del contadino. Io e quel tipo né ci incontrammo né ci parlammo. Altri lo fecero per conto nostro. Alla fine cedette.

Avevamo conquistato i cuori e le menti di Sant'Eusanio con il nostro triplo acquisto? Al contrario, sono stato diffamato per questo. Un amico si affrettò a sottolineare che con un colpo solo avevamo rovinato il valore di tutti gli immobili del paese e da allora in poi nulla poteva essere più comprato o venduto lì. Avevamo pagato troppo. Da dove derivano le loro informazioni? Non ne avevo mai parlato con nessuno, ma sembrava che tutti conoscessero i miei affari meglio di me. Mi venne subito in mente che in una comunità così piccola il pettegolezzo è pane quotidiano. Il nostro acquisto fu una notizia, una grande notizia, e dodici anni dopo un gruppetto di ficcanaso in un negozietto del posto si sentiva ancora obbligato a ricordarmi – e rimproverarmi – di aver strapagato per quei ruderi. Stufo di tutto ciò, gli risposi che forse i venditori avevano chiesto troppo.

Successe anche qualche altra cosa in quei giorni inebrianti subito dopo la chiusura dell'accordo. Due o tre abitanti del paese si fecero avanti per offrirmi case. Nel corso di una notte avevo appena messo un piede nella porta e già tutti mi prendono per un futuro acquirente. Ognuno sembrava ansioso di monetizzare il proprio mucchio di pietre sgretolate. Una mattina, un vecchio, attraversando per obliquo un angolo della piazza, mi sussurrò a denti stretti di seguirlo. Incuriosito, mi prestai al suo piccolo numero di cappa e spada. Mi condusse in un edificio cavernoso, in un vicolo cieco, e mi chiese se ero nell'umore giusto per affrontare un acquisto. Non abbiamo discusso il prezzo. Poco dopo, sono stato avvicinato da qualcun altro. Il prezzo richiesto era quasi il doppio di quello che valeva il suo mucchio di sassi.

Fino a un anno fa in tutta Sant'Eusanio, non si erano mai visti cartelli con su scritto «si vende» o «vendesi», ma di recente, sono iniziati a spuntare come funghi dopo una calda giornata di pioggia, dipinti grossolanamente su pezzi di vecchie tavole si trovano esposti alle finestre dei piani superiori. Perché questo cambio di clima? Nei giorni in cui stavo cercando di comprare, per chiunque avesse annunciato pubblicamente che stava vendendo una casa avrebbe significato una condizione economica sfavorevole. Ignominia. Vergogna. Sarebbe seguito il disonore e forse anche *schadenfreude*. Alla base della nuova piccola rivoluzione c'è una legge che richiede di mantenere la proprietà disabitate in condizioni di agibilità. Possedere una casa vuota che ha bisogno di ristrutturazione e manutenzione è uno spreco inutile. Da qui il desiderio di liberarsi di un peso. Inoltre, alcuni di questi posti, ora in vendita, sono nelle mani dei discendenti dei vecchi santeusanesi, nipoti nati in Francia o in Belgio, che non hanno alcun legame nostalgico con un passato ancestrale.

Nell'agosto del 1994 tornammo a Sant'Eusanio con il mio figlio minore, questa volta, e ci sistemammo in un piccolo albergo a San Demetrio e, insieme a due delle persone da cui avevamo comprato, passammo una decina di giorni a liberare il posto di tutti i suoi tesori. Un trattore e un rimorchio posti sotto una delle finestre posteriori caricavano le balle di fieno, sprigionando una torre di polvere che si ergeva sui tetti come il fumo di un incendio. Era una polvere pericolosa. La prima sera la mia gola era dolente a tal punto che pensavo di aver preso l'influenza. Ho avuto le allucinazioni tutta la notte. Non solo io ma anche uno degli altri.

Il trattore fece avanti e indietro fino alla cava di ghiaia ai margini del paese. Il tesoro stesso fu stato infranto. Parte fu mandato in perdizione nella fossa. La restante parte fu spostata al pagliaio di un uomo a un tiro di schioppo in una direzione, e il resto al pagliaio di un altro a un tiro di schioppo nella direzione opposta. Alle dieci o alle undici di mattina, i vicini sistemavano un tavolo e delle sedie in un vicolo cieco nei pressi e ululavano verso di noi invitandoci a bere un caffè. Il caffè era sempre rigorosamente corretto con alcol. Più tardi eravamo tutti convocati nella cantina di un altro vicino, dove, brancolando nella fredda penombra, ci venivano servite tazze di vino spillato direttamente dalla botte. Eravamo di conseguenza leggermente sbronzi per tutto il giorno, il che rendeva tutto molto più allegro. Ad un certo punto ebbi un'illuminazione, mi colpì il fatto che i tesori che stavamo rimescolando e trasferendo in altre parti probabilmente provenivano a loro volta da altri pagliai del paese, e ho iniziato a speculare a lungo sul tempo che sarebbe servito per fargli compiere un giro completo del paese. Cinquecento anni?

Alla fine di queste settimane era in corso la festa estiva per la Madonna del Castello e Ken e Giovanni erano tornati con la loro macchina fotografica a lastre Gandolfi: un apparecchio che si trova su un enorme treppiede, riflette le immagini capovolte, viene coperta da un vasto nero cappuccio come il mantello dei carabinieri di un tempo, e non manca mai di attirare folle di curiosi.

Tornai a Sant'Eusanio l'anno successivo per supervisionare la fase iniziale dei lavori. Una squadra di muratori – il termine, usato per tutte quelle serie di maestranze impiegate nelle varie fasi dell'edilizia – rimosse e trasportò tonnellate di macerie in pietra e terra e iniziò la ricostruzione. Si trattava di un gruppo radunato alla bell'e meglio a Fontecchio, capaci un po'di tutto, esperti nella complessità di vecchie strutture e quindi impassibili al pericolo di muri che potevano crollare intorno a loro mentre cercavano di preservare i pavimenti di mattoni e le porte di pietra. Un architetto dell'Aquila era a disposizione per fotografare tutto ciò che era stato disfatto. Il cuore nascosto della casa cominciò a rivelarsi: la volta della cantina, che era vicina alla spaccatura; pezzetti di pietra lavorata che in epoche passate erano stati rimossi dal castello sulla collina per riparare i danni di un terremoto.

I vicini, la numerosa famiglia Bologna – su suggerimento del loro figlio più giovane, Romeo – mi ospitarono in una loro casa vuota lì vicino. Per accogliermi, tolsero i prosciutti appesi al soffitto della cucina, mi mostrarono come accendere la grande stufa nera a legna e mi indicarono il magazzino ben fornito di ceppi di quercia sotto la casa.

Di notte faceva un freddo pungente, ma le giornate erano soleggiate e attorno all'ora di pranzo la temperatura saliva al suo apice. La casa aveva una terrazza sul tetto da cui potevo vedere il nostro tetto e una splendida vista sulla campagna circostante. Non eravamo rimasti d'accordo in alcun modo su come mi sarei organizzato con i pasti. Anna Bologna, la *mater familias*, mi annunciò semplicemente il primo giorno che era meglio se avessi mangiato insieme a loro. *Loro*. Non ho mai saputo chi sarebbero stati. Alcuni giorni erano solo Anna e suo marito Edoardo, che in passato avevano conosciuto Poldino. Spesso il numero poteva arrivare a dieci o più, quando i loro tre figli, insieme a mogli, nipoti o amici, si presentavano all'uscio. Forse non si presentavano a sorpresa, forse era tutto programmato, ma tutto sembrava improvvisato. Da un pasto all'altro non ho mai nemmeno saputo in quale cucina avrei mangiato. La metà delle volte era in quella di Anna e Edoardo, a due passi dal mio cantiere, l'altra metà era in quella di Romeo, proprio di fronte a dove ero io.

Da Romeo il raduno era sempre grande e rumoroso. Anna era una donna tranquilla e gentile. Da giovane aveva vissuto in Francia. Aveva sempre cucinato, a casa sua o di suo figlio. Spesso la moglie di Romeo la aiutava preparando le cose in anticipo. Anna andava avanti e indietro tutta la mattina portando gli ingredienti da un posto all'altro. Romeo, allora un giovane con i capelli rossi ben arricciati e la barba rossa, era rauco, bonario, gioviale, generoso e irriverente. Aveva due figlie dolci e timide, con i suoi stessi capelli rossi; sua moglie Loredana era lontanamente imparentata con me. Sia lei che Romeo lavoravano; lui aveva ben due lavori. La madre di Loredana, anch'essa di nome Anna, e sua madre Carolina, che aveva quasi 102 anni, vivevano dall'altro lato di una delle pareti della mia casa. Romeo adorava Carolina e le dimostrava un affetto oltremodo smisurato.

Io ero un testimone discreto. L'unica attenzione che qualcuno mi rivolgeva era di tenere il mio bicchiere ed il mio piatto pieni. A parte questo si comportavano come se io non fossi lì. Romeo, anticlericale e anti-Stato, dava scene di follia ogni volta che uno dei suoi figli sintonizzava la TV su un canale di Berlusconi. Sarebbe stato capace di lanciare pezzi di mozzarella sullo schermo in segno di protesta. Le cucine italiane usano la TV come sfondo; tale apparecchio, sempre gigantesco, è costantemente acceso, indipendentemente dal fatto che qualcuno stia guardando o meno. È come un acquario illuminato, ma con il suono. Romeo amava prendere in giro sua madre che andava in chiesa su Gesù Cristo. «Si trombava la Maddalena, lo sai, vero?» La povera donna nascondeva il viso, morendo di imbarazzo. «Oh, quindi pensi che Gesù fosse un frocio, allora, vero?». Avrebbe stuzzicato e malmenato anche il vecchio Edoardo. La prima volta che incontrai Romeo si fermò sulla soglia della cantina di suo padre, era solo un ragazzino e invitò Ken e me a bere del vino.

A volte, in quel periodo, durante la notte, mentre leggevo rimboccato nel letto, arrivava qualcuno a bussare alla mia porta, e un gruppo di gente del posto era radunata lì sotto per trascinarmi a una festa, che consisteva in tavoli carichi di prosciutto, salsicce, salame, formaggi vari, vino, vino, vino e una serie di liquori fatti in casa, forti, aromatici, spesso amari. Nocino e genziana erano quelli che mi entusiasmavano. La generosità, il calore naturale di queste persone mi sbalordiva.

Durante il mio ultimo giorno a Sant'Eusanio, la neve cominciò a cadere, soffocando la campana della chiesa che stava suonando per la morte di un parrocchiano. Isaia Giannetti. Anche lui aveva conosciuto Poldino, e un'estate nella mia infanzia andammo a trovarlo a Brooklyn. Un certo numero di santeusanesi aveva vissuto a Brooklyn in qualche momento della loro vita. Alcuni sono rimasti lì, una sorella di Anna tra loro.

La mia squadra di operai continuò senza di me per un altro mese. Sollevarono l'intero tetto, rimossero i diciotto pollici in eccedenza dei muri e circondarono l'edificio con barre d'acciaio e cemento. Era una misura antisismica e obbligatoria. Successivamente tutto fu ricoperto con le pietre. Fu ricostruito completamente anche il tetto, con travi e assi di castagno, coibentato e rifinito con vecchie tegole di terracotta. I muratori hanno anche ricostruito i nostri tre comignoli, in stile aquilano. Realizzato in mattoni grandi e sottili, con bocchette triangolari su due lati e coperto con piastrelle, sembra una specie di strana gabbia per uccelli. Tutto è andato a meraviglia.

L'impalcatura sul davanti della casa era ancora al suo posto quando tornai con Ken e Giovanni quell'estate per girare un cortometraggio. Doveva essere un progetto pilota per qualcosa, ma non ero mai sicuro di cosa. Io e Susan avevamo redatto una breve sceneggiatura sulla vita del paese, intrecciata intorno alla storia di qualcuno, diciamo il figlio di Poldino, che torna a Sant'Eusanio, trova un relitto di una casa e comincia a ricostruirlo. Ero nel video, ovviamente, ma non ho mai visto un singolo fotogramma. Il fratello di Ken, David, un cameraman, venne da New York per le riprese. Giovanni voló via dall'Africa per unirsi a noi. L'unico problema era che Ken aveva trascurato di portare con sé una copia della sceneggiatura quindi, per giorni, nessuno sapeva cosa stava succedendo, quale storia stavamo cercando di raccontare. Ken aveva anche trascurato di menzionare a tutti la sua ossessione per una storia completamente diversa. Coinvolse il produttore di fuochi d'artificio locale Pepe Santoro, un colorito napoletano a cui negli anni ci eravamo affezionati. Un giorno – nella vita reale, non in un film – Pepe venne fatto a pezzi nel suo laboratorio fuori San Demetrio. Stava cercando di salvare un barilotto di polvere da sparo. In qualche modo, Ken voleva mettere in relazione il figlio di Poldino e la figlia di Pepe. Alla base della violenta fine di Pepe c'era una trama che coinvolgeva la mafia. Io, che personalmente detesto tutto questo sfruttamento della mafia, non ho trovato nulla di vero in tutto ciò. La nostra impresa si rivelò un fiasco totale ma allo stesso tempo molto divertente.

Poi ci fu una vera e propria tempesta di complicazioni, alcune originate in Italia, altre in Inghilterra, e il lavoro sulla casa dovette fermarsi. Passarono nove angosciosi anni, e in quell'intervallo, visitammo Sant'Eusanio una sola volta. I sogni non realizzati possono trasformarsi in un incubo terribile.

Esattamente un decennio dopo aver trovato il nostro posto, sentimmo che dovevamo porre fine allo stallo. O vendevamo il posto così com'era o lo avremmo finito e usato. Un giorno di aprile, guidando da Roma con un amico italiano, tornammo a fare il punto. La luce tagliente di un perfetto cielo blu incide ogni crinale e piega di Ocre. Il castello sul Cerro spiccava come un faro. Tutto sembrava immacolato come il primo giorno dell'inizio dei tempi. Una sola occhiata al paese e alla casa dopo anni di assenza e angoscia mi fece capire che una vendita era impossibile. *A Sant'Eusanio non vendiamo, compriamo.* Seduta stante fu deciso che avremmo ultimato i lavori della casa. Il nostro amico italiano, con il suo fiuto da intenditore, approvò la nostra decisione.

Tornai in Abruzzo ancora una volta a settembre. Il piano era di rinnovare e riprogrammare un piano di lavoro con il mio vecchio architetto e il nostro team di operai di Fontecchio. Ancora una volta, la fortuna ci avrebbe assistito. Per la prima volta in assoluto il paese vantava strutture ricettive. Un modesto bed-and-breakfast, il Forconensis, aveva appena aperto a Sant'Eusanio, sul pendio che portava alle rovine del castello. La più alta dimora del paese, godeva di una vista su San Demetrio e giù per la valle bucolica dell'Aterno fino a Campana. Passai cinque notti lì.

I proprietari del posto erano Lia e Luciano Maragni. Avevano concluso in anticipo la loro attività nel campo dell'informatica; lei aveva lavorato anche come aiuto cuoca in un raffinato ristorante a Fossa, a pochi passi da lì. Ero senza macchina. Luciano mi chiese che intenzioni avessi a proposito dei pasti. Borbottai qualcosa circa l'invito di amici. «Faresti meglio a mangiare con me», disse seccamente, e all'istante divenni suo ospite. La sera dopo cucinò – e non gli ho mai permesso di dimenticarlo – le migliori *linguine, aglio olio peperoncino.* che abbia mai mangiato.

Nel corso dei due anni successivi, Forconensis sarebbe diventato il mio quartier generale, la mia base, la mia casa lontano da casa e, senza saperlo, Luciano e Lia avrebbero assunto ruoli multipli nella mia *vita nuova* come amici, avvocati, benefattori, consulenti, ciceroni e molto altro.

Quando trovai un bel mobile antico nella mia cantina, una lunga panchina di pioppo fatta da mani contadine e infestata da ragnatele, fu Luciano a restaurarlo amorevolmente per me. Quando non ero abbastanza vestito per il freddo o troppo vestito per il caldo, era Lia che mi prestava o mi dava abiti adeguati. Quando ero via, Luciano si occupava della casa e pagava le mie bollette. Quando tornavo, mi veniva a prendere al terminal dei pullman o all'aeroporto. Quando al mio cantiere idraulico, elettricista e vicini di casa volevano saziare la loro sete, Luciano gli portava del vino. Quando mi volevo divertire, lui e Lia preparavano un barbecue. Quando videro che un'auto poteva essermi molto utile, Luciano me ne fece dono. Poi, per poter usare il veicolo, mi guidò attraverso un labirinto di sottigliezze legali e complicate pratiche burocratiche – dodici mesi ci vollero – che da solo mi avrebbero sconfitto.

Tutti quegli anni persi, ero ansioso di recuperarli. I lavori per la casa sarebbero iniziati la primavera successiva, a maggio, ma prima di allora volevo il sapore di un inverno abruzzese e il tempo di legarmi nuovamente al paese. Era come aver bisogno di aria. Sono tornato a metà febbraio, quando il freddo e la neve proibivano qualsiasi lavoro. Per una settimana fui l'unico ospite dei Forconensis. Nel frattempo Lia aveva lasciato il lavoro ed era disposta a farmi da mangiare come fossi uno di famiglia.

Avevo una tana silenziosa al piano terra e, a parte una piccola lampada da tavolo, la stanza era scura e invitante alla lettura. Passai intere giornate a letto immerso in uno studio casuale o riprendendomi dai pasti abbondanti. Qualcosa dentro di me, per così dire, richiedeva il recupero, ma aveva bisogno di persuasioni e provocazioni prima che potessi assaltarla. Il mio scopo vago, se ne avessi avuto uno, doveva fare i conti con la cultura essenziale di Sant'Eusanio: il cibo e il dialetto.

Un famigerato nazista, confondendo la barbaria per spiritosaggine, una volta disse che quando senti la parola cultura, prendi la pistola. In Italia, quando senti la parola cultura, dovresti prendere il coltello, la forchetta e il cucchiaio.

L'Abruzzo è famoso per i suoi salumi – capocollo, lonza, pancetta, molte varietà di salame e salsiccia, prosciutto. Le famiglie di Sant'Eusanio macellano ancora i maiali all'inizio dell'inverno e producono questi insaccati da soli, curandoli e stagionandoli per mesi in speciali cantine. E sono molto orgogliosi di invitarti in strada per condividerli, con fette di pane croccante e bicchieri di vino. A volte, alle cinque in punto per la merenda, condividono i loro prodotti in mezzo alla strada sul retro di un trattore.

Gran parte delle chiacchiere alla cucina di Forconensis ruotava attorno alle abitudini alimentari e alle pratiche culinarie locali. Cosa stavamo mangiando, da dove veniva, come era stato preparato. Lia, una cuoca esperta che amava il suo lavoro, aveva una conoscenza enciclopedica di piatti e menù. Lo stesso Luciano, come molti uomini abruzzesi, era un cuoco tutt'altro che disprezzabile. Era anche, come la maggior parte dei maschi italiani, un severo e supponente critico gastronomico. Le marche sone classificate. De Cecco, da Chieti, la provincia più a sud, produce la pasta migliore. Producono anche un olio d'oliva eccezionale. Le patate migliori per le patatine fritte venivano dalla vicina Prata d'Ansidonia.

Luciano aveva gusti intriganti e fuori moda. Anche se mangiava poca carne, preferendo piatti di pasta, aveva un debole per la carne di montone, e quando si trattava di agnello – uno dei prodotti base in Abruzzo – preferiva animali castrati, di due anni, del peso di venti chili e oltre. Certo, impazzivo per assaggiare tutto. Una volta andai con lui da Filomena, la ferramenta di San Demetrio, per comprare un enorme calderone di alluminio; poi ad Assergi, sotto l'altissima parete del Gran Sasso, per prendere due pecore. Una intraprese la strada del congelatore. L'altra, tagliata e cotta per diverse ore, con uno o due cambi di acqua, venne fortemente aromatizzata con cipolle, aglio, sedano, carote e un bouquet di foglie di alloro, peperoncini, timo e sentori di chiodi di garofano e noce moscata. Per tutto il tempo, fino a quando non l'assaggiai, fui dubbioso. Ma non dopo.

I pasti di Lia, più tipici della cucina contadina dell'Aquilano, erano più sottili e raffinati. La maggior parte del tempo, faceva la pasta fresca in casa. Mia madre lo faceva per le occasioni speciali e mi sembrava sempre un compito enorme e complicato. Una tavola speciale e un mattarello lungo. Farina, acqua, uova. La giusta consistenza, poi l'impastatura e l'ammassamento e il taglio da modellare. Lia faceva tutto senza sforzo, parte di una routine che ha reso semplice come attingere l'acqua da un rubinetto.

Ero cresciuto, come la maggior parte di Thompsonville, con questo tipo di cucina. Ma la gamma era stata più stretta e forse monotona, e i tocchi eleganti esistevano appena. Quando accennai per la prima volta a Lia che mi piacevano i ravioli, stavo pensando esattamente a quello che avevamo mangiato da bambini, fatti da mia madre o dalle zie. La loro pasta fatta in casa era tagliata con il coltello che tracciava un cerchio attorno a un piattino. Questo fatto per un involucro piuttosto grande, che è stato sempre e solo riempito con la ricotta. Lia mi chiese se volevo un ripieno di carne. Dissi di no. «Devi provare i miei» disse. «Te li farò entrambi». Quando il piatto fu servito, trovai nel piatto dei comodi tortelloni a portata di boccone; quelli con la ricotta erano eccellenti; quelli con il ripieno di carne – un misto di maiale tritato, manzo e tacchino, con parmigiano, uova e un tocco di noce moscata – erano squisiti.

Lia usava lo zafferano in molti piatti, sia carne che pasta. Assaporai bocconcini di agnello allo zafferano e spizzichi allo zafferano. Il primo è uno spezzatino d'agnello; gli spizzichi, invece, pasta fresca strappata a pezzettini – letteralmente pizzicata – con funghi di campo e ricotta. Da ragazzo a Thompsonville non avevo mai sentito parlare di zafferano; neppure Poldino lo aveva mai nominato. Eppure lo zafferano più glorioso del mondo viene dalla pianura di Navelli, a pochi chilometri da Sant'Eusanio. Lo zafferano ai tempi di mio padre era costoso per tutti tranne che per i ricchi.

Devo aver fatto impazzire Lia a forza di richieste culinarie, ma era sempre paziente e premurosa; in effetti, era la persona più aperta e allegra che abbia mai incontrato. Al mio arrivo ho sempre richiesto un'overdose di *soul food* di Thompsonville: le minestre dei miei primi anni. Pasta e fagioli. Pasta e ceci. Pasta e lenticchie. Sebbene tutti noi adorassimo questi intrugli casalinghi, penso che lei si sentisse notevolmente superiore. La prendevo in giro dicendole che il giorno che avesse aperto un ristorante quelle zuppe sarebbero dovute essere i piatti forti del menù. Lei rideva educatamente come per suggerire che non sarebbe mai potuto succedere, perché quelle zuppe contadine avrebbero avuto un prezzo troppo basso. Non credo che Lia avesse la più pallida idea del calvario dell'esilio. La sua cucina era il paradiso riconquistato.

I nostri pasti, soprattutto in inverno, sarebbero potuti durare per ore. Un pranzo che iniziava all'una poteva terminare alle cinque, seguito da una cena che andava dalle otto a mezzanotte e oltre. Qui era dove si esperimentava il detto italiano che *l'appetito vien mangiando*. Mi chiedevo spesso cosa stavo facendo a tavola quando non avevo appetito e non potevo pensare di mangiare nuovamente. Ma poi il sottile fenomeno della seduzione gustativa si sarebbe manifestato ancora una volta.

118

Gli italiani non siedono pigramente attorno a tavola. Il mangiare è sempre accompagnato da una conversazione; la conversazione dopo cena è sempre accompagnata dal mangiare. A volte, andando avanti fino all'una di notte, io e Luciano parlavamo di preparare un piatto di aglio e olio per le due del mattino. Le due: L'ora era rigorosa, e una volta ridicolizzammo un amico per aver suggerito un orario diverso. La parole per un piccolo piatto di pasta in italiano è *due spaghetti*. Il termine mi stuzzica sempre perché equivale ad un eufemismo accogliente, a un riferimento indiretto, il modo in cui in inglese minimizziamo un pasto leggero definendolo uno snack.

Era solamente dopo che un pasto era finito e la tavola sparecchiata e affollata di bottiglie di liquore alte disposte come una foresta di alberi che Luciano e io ci accontentavamo di parlare seriamente. Era stato educato fuori dal paese e per anni aveva vissuto, studiato e lavorato a Milano. Ciò significava che aveva una propria mente e la usava. Le opinioni forti su molti argomenti sono tipicamente italiane. Ma i punti di vista di Luciano erano supportati da un'ampia lettura della storia, della religione e della politica, e anche nelle occasioni in cui ero in disaccordo con lui mi faceva fermare a riflettere.

Una notte dopo aver bevuto caffè e drink, con eloquenza divina e la sua solita parte di bestemmie, Luciano demolì un amico del paese che aveva avuto l'audacia di elogiare l'architettura fascista, un sottile travestimento per ammirare Mussolini. Nella sua capacità di argomentativa, Luciano mi ricordava Poldino. In maniera perturbante lui assomigliava a Poldino: la barba ispida, la mandibola, la pancia. Il suo crudo rancore verso Mussolini, Berlusconi e l'istituzione della Chiesa di Roma, le passioni che condividevamo, ci hanno uniti. L'umorismo arrivava facilmente anche a Luciano e, a differenza della maggior parte degli stolidi santeusanesi, anche l'ironia. La sua era l'unica conversazione intellettuale che si poteva fare da quelle parti.

Tutti i nostri discorsi, che andavano e venivano, dentro e fuori dai pettegolezzi, dentro e fuori la storia del paese e le vite del passato e del presente dei santeusanesi, richiedevano il tavolo carico che Lia e Luciano preparavano per me. Nel suo modo vagante e tortuoso, questo discorso stava costruendo un quadro lento, riempiendo i pezzi di un vasto puzzle. Il puzzle, naturalmente, era la mia personale storia sradicata; ero tornato in questa terra per trovare «il volto che avevo prima che il mondo fosse fatto».

All'inizio di tutto vi è la parola. Tutti in Italia, in un modo o nell'altro, parlano o capiscono due lingue. Una è la cosiddetta lingua nazionale, l'italiano di Dante, l'italiano dei giornali e delle istituzioni scientifiche. Ma di fatto, nel linguaggio orale, ciò che la maggior parte delle persone usa è il proprio dialetto. La lingua si riduce all'identità. L'italiano lavora come lingua franca.

Nella mia tana esaminai i vocabolari e i lessici della lingua locale, dapprima semplicemente lasciando che le parole mi venissero addosso, poi cercando di pronunciarle ad alta voce con le loro strane e complicate ortografie e le doppie consonanti. A volte ascoltavo la voce di Poldino, che pronunciava gli articoli *ju* e *ji* o una parola che avevo sentito solo dalle sue labbra. *Sciancàt'* Zoppo. A volte, mia madre, pronunciando parole in quel confuso e intimo balbettio che passa tra madre e bambino piccolo. *Scì bbinnìtt'*. Benedica. Lo shock del riconoscimento provocò una risatina leggermente nervosa. Mia madre, che aveva vissuto all'estero i suoi sessant'anni, dodici dei quali tra Michigan, Illinois, Massachusetts e Connecticut, e che in tutta la sua vita non aveva mai messo piede in Italia, uscì perfettamente dalla pagina nella variante dialettale di Capestrano che aveva imparato da suo padre.

Ogni pomeriggio e sera, nei mesi a venire, volavo al tavolo di Luciano con le mie scoperte e le mie domande. Lia stessa, che era nata nel cuore della Puglia e all'età di sette anni si era trasferita con la sua famiglia a Milano, capiva il dialetto ma non lo parlava. Claudia, la loro figlia ventenne, nata a L'Aquila, conosceva bene la lingua. Durante la cena, per la nostra gioia, le piaceva leggere le nostre scenette e i nostri giochi in aquilano, mentre recitava le diverse voci.

A Thompsonville, da bambini, ogni volta che sentivamo parlare in italiano quello che stavamo davvero ascoltando era il dialetto aquilano. Ma questo aquilano ci arrivava come un mormorio di voci a cui non prestavamo attenzione, fuori dal palco, indistinte, da un'altra stanza. Non lo abbiamo mai parlato. Negli anni successivi, nella mia ignoranza, immaginai erroneamente che questo dialetto consistesse in poco più di un vocabolario leggermente diverso e di terminazioni verbali ritagliate; Lo avrei anche, erroneamente, definito abruzzese. Abruzzese, infatti, fa da ombrello ai numerosi dialetti locali sovrapposti. A un certo punto, per distinguere tra quello che nella mia adolescenza avevo assorbito dall'italiano e quello della lingua che ora so che era aquilano, mi sono seduto per studiare l'italiano standard.

In Abruzzo scoprii che l'aquilano non era una lingua così corrotta e limitata da essere evitata, ma un vero e proprio linguaggio degno di seria attenzione. A Sant'Eusanio quasi tutti parlavano una forma di aquilano a casa e tra loro. A volte dubitavo che Ezio, il mio idraulico, conoscesse del tutto l'italiano. Gli uomini più giovani, come Romeo e il nostro vicino Aurelio, abbaiavano con me in quel linguaggio in modo strano e in questa lingua tutto il tempo. «Se vuoi vivere qui», mi disse una volta Aurelio, «devi imparare a parlare a santeusanese».

Aurelio mi stava dicendo che se fossi stato santeusanese dovevo parlare santeusanese. «Se sei uno di noi, parla come noi». Lingua e identità. A proposito, non ha detto aquilano, che per lui è quello che si parla a L'Aquila. Poldino mi aveva detto che anche se poteva sentire i galli cantare a Casentino, non ci aveva mai messo piede. Casentino è a meno di un miglio. Al giorno d'oggi è difficile cogliere, con le nostre macchine e le strade asfaltate, l'antico isolamento di questi paesetti abruzzesi. Non c'è da meravigliarsi se un posto contiene parole e varianti che quello vicino non sa. Nell'intera regione il numero di queste varianti è prolifico. Oggi ogni paese, con orgoglio esagerato, proclama la propria lingua.

Ecco un esempio. Quando ho comprato la nostra casa, mi è stato comunicato che un certo fermo di legno per fissare un armadio o una porta dell'armadio, di cui ne avevamo diversi, era chiamato *naticchio*. Sono stato inoltre informato che in un paese poco distante quella parola non sarebbe stata capita. Nel corso dei mesi ho testato la proposta. Di sicuro, il termine lasciò in bianco il mio elettricista di Casentino, come fece il figlio di Filomena alla ferramenta della vicina San Demetrio. Ma recentemente ho trovato la parola in un vocabolario di Aquilano, dove è scritto *naticchia*.

Quanto sono esotiche ed eccitanti queste parole a prima vista o al suono, anche le più semplici di loro. Non mancava mai di divertirmi ogni volta che Aurelio balzava fuori dal tavolo e annunciava: «*Me ne teng'a jì*». Devo andare. Ho spesso rivelato a mia sorella al telefono le mie scoperte. Le maledizioni e le imprecazioni pronunciate dagli Abruzzesi sono numerosissime. Da bambini dobbiamo aver sentito le parole *sciccisu* e *scimpisu* centinaia di volte. Il primo significa che tu possa essere ucciso; quest'ultimo, che tu possa essere impiccato. Tali espressioni – anni luce dai loro significati originali, letterali – sono ora esclamazioni. Gli uomini abruzzesi si salutano affettuosamente l'un l'altro con una frase come *Che te pòzzeno...* Nessun finale o completamento è previsto, perché tale sarebbe una terribile maledizione. La forma breve di oggi è una formula innocua come «Che cosa stai facendo qui?» o «Bene».

Col passare del tempo, attorno al tavolo di Luciano, il mio orecchio cominciò a rilevare la differenza tra la terminazione di Sant'Eusanio di una data parola e quella della stessa parola che terminava come quella di L'Aquila, una città a neanche quindici chilometri di distanza. In quest'ultima, molte parole finiscono in un «u». Nel primo, questo viene inghiottito e l'elisione è rappresentata da un apostrofo. Ma c'è una sola parola di santeusanese che non ho mai ascoltata al di fuori del paese. L'ho imparata – o meglio, ne sono stato esposto – un pomeriggio al mio ritorno dal lavoro, quando ho trovato Ezio, Aurelio e altri sulla veranda di Luciano, bevendo il vino bianco pugliese che tutti noi ci concediamo prima di cena. «Dove sei stato?», mi stuzzicarono, sottintendendo che non avevo fatto molto. Fu Ezio a notare che mi ero *struzzimellun'*. Tutti gli altri ridevano, come me. Non avevo mai sentito la parola e non avevo idea di cosa significasse, ma mi sembrava davvero comica. Nei giorni successivi, ho testato la mia nuova acquisizione tra gli abitanti del villaggio. Lo sapevano tutti, ma hanno pronunciato la sua seconda metà in vari modi. Ad uno era *struzzimallon'*, ad un altro *struzzimellen'*. C'erano anche altre varianti, che non dovrebbero sorprendere. Come parola strettamente detta, lo *struzzimellun'* non è mai stato fissato per iscritto. Quello che ho trascritto qui potrebbe essere la prima volta che la parola è stata registrata.

Il giorno in cui fui presentata la parola *struzzi-*, i ragazzi mi spiegarono il suo significato ma non esattamente come avrei voluto. Più tardi, la moglie di Ezio la mise in un contesto afferrabile, dicendomi che sua madre era solita lamentarsi di suo padre che sarebbe stato fuori tutto il giorno, ma che le sue assenze non arrivavano mai a nulla, che tutto ciò che gli piaceva era andare a *struzzimellun'*. Quindi eccolo qui: galoppare, passeggiare, girovagare, tirartardi, bighellonare. Lasciatemi optare per il tirar tardi, che è appropriatamente comico e contiene il significato preciso di perdere tempo con soste e pause senza scopo. Luciano cercò di aiutare con una rottura etimologica. *Struzzo* è la parola italiana per *ostrich*, un animale che corre da qui a lì a singhiozzo. Forse. Ma non potremmo mai risolvere il finale problematico della parola.

Un giorno, mentre scorrevo il cielo sopra Assergi in cerca dell'aquila reale, mi sono imbattuto in un pezzo di informazione sui miei primi antenati di Sant'Eusanio. Samuele Di Giovanni, un birdwatcher e un amico, medico nato a Sant'Eusanio, dove il nostro è il cognome più comune del paese, mi raccontava della sua discendenza. Saltò fuori il nome di una Francesca Di Giovanni, sua parente, e capimmo che non era altro che la sorella di Guy Johnson, la mia prozia. Ciò rese Samuele, il più gradito dei cugini, anche se assai alla lontana.

Ricordavo di aver avuto l'onore del racconto di un ramo o due del nostro albero genealogico da una suora a Sant'Eusanio tanti anni fa, e avevo annotato le sue scoperte in un taccuino ormai perduto. Una volta Samuele mi aveva anche raccontato che nel 1630 due fratelli Di Giovanni dalle vertiginose alture di Pietracamela, dall'altra parte del Gran Sasso, decisero di fare fortuna altrove. Arrivando a Sant'Eusanio, fondarono uno stabilimento di cardatura di lana ai margini del villaggio, non lontano dalla chiesa di Sotterra. Un pedigree sorprendente. Fino ad oggi, il tratto di terreno in cui si trovava la loro fabbrica è ancora noto come la *Valchiera*, un luogo per lavare lana e stoffa. Ma solo uno o due anziani ricordano il perché.

Anche Boston, la città dove nacque Poldino, porta la data del 1630.

Per lunghe settimane alle otto circa ogni mattina camminai per mezzo chilometro dal Forconensis fino alla piazza del paese per aprire la casa agli operai. Ogni giorno tracciavo il ritiro della neve sulle alte creste di Ocre e, a sud, una spalla del Sirente. Una volta, la notte dell'8 o 9 giugno, piovve forte, con fulmini e tuoni, e quando il giorno spuntò, le montagne circostanti erano rivestite di bianco.

Era l'ora in cui le nebbie si levavano dal fiume, disperse, e il sole trasformava la valle in una polvere dorata. Nei campi più alti a un miglio di distanza, alberi e siepi assumevano una nitidezza e una chiarezza che si vedono solo in quei perfetti paesaggi in miniatura sepolti nelle profondità dei dipinti del Rinascimento. A volte sopra Casentino il grigio della parete montuosa era tagliato da una nuvola spettrale che pendeva immobile, a metà strada tra i tetti del villaggio e il profilo di Ocre. Il giorno dopo, in questo stesso luogo, le nuvole potrebbero essere soffici palle, come il fumo che segue esplosioni pirotecniche. Oppure potrebbe esserci una luce più intensa e nessuna nuvola. Raramente c'era un suono inquietante, ma ovunque una festa per gli occhi che non avresti voluto finisse mai. Era questa la pace che supera ogni comprensione?

Poldino non aveva mai menzionato la bellezza di questo posto. Il suo Sant'Eusanio era tutto mosche e odori di polvere e fetore; la sua Italia, il peso morto delle istituzioni di piombo – Chiesa, Stato, Monarchia – e le loro ancelle, istupidamento e povertà millenaria. Che non abbia mai provato la gioia che provavo qui ogni mattina o intravedere il paesaggio esaltato che ho intravisto ogni giorno sono fatti tristi. A volte mi chiedevo se ero qui per vivere la vita che lui non ha mai vissuto.

In una di queste passeggiate mattutine, all'improvviso, mi venne in mente una parola che, a sua volta, ha scatenato un afflusso di altre. Nessuna aveva nulla a che fare con i miei scambi quotidiani a Sant'Eusanio. Invece erano parole inaudite e non rimosse per sessant'anni e più. Non era inglese ma veniva direttamente da Thompsonville, erano elementi di una lingua sepolta e del passato sepolto. Poi mi resi conto che molti anni fa, in un altro paese, la mia prima lingua era stata un dialetto abruzzese, aquilano, santeusanese.

Da allora, almeno dal 1964, il paese di mio padre, una tentatrice segreta, mi stava attirando, un passo alla volta, con ciò che tutti noi cerchiamo e bramiamo nelle nostre bizzarre vite; un posto che ci spiega a noi stessi.

Sant'Eusanio; un resoconto personale
Susan Ashe

Una sera del 1975, arriviamo da Roma in Abruzzo. Sono solo cento chilometri, ma la strada sale ripidamente per tutto il tragitto, attraversando boschi immersi nell'oscurità e gli affioramenti rocciosi. Come in un puntaspilli le luci dei paesi remoti emergono in lontananza. Rimaniamo la notte a L'Aquila e il giorno dopo ci dirigiamo verso il punto in cui Sant'Eusanio si erge su una lieve altura in mezzo a una pianura circondata da montagne, alcune sovrastate da castelli in rovina. Non c'erano turisti. Avevo letto che, a causa della natura selvaggia della regione, i romani erano soliti esiliare lì i criminali.

Non sapevo cosa aspettarmi. Il paese mi ha affascinato. Anche se modesto e parzialmente sfasciato, sembrava organico, come se fosse spuntato fuori dal paesaggio stupendo. Non rimanemmo a lungo, e me ne andai con la sensazione di volerne sapere di più.

Venti anni e diverse visite dopo, siamo tornati, proprietari di una rovina parziale che stiamo tentando di restituire a qualcosa del suo io originale del XV secolo. Mentre Norman dirige il lavoro in casa, esco a fare una passeggiata e sono vittima di un'imboscata nel vicolo da parte del cane del vicino, che si precipita su un balcone in una frenesia di ululati e ringhi.

«Sta zitto, Fiocco», ammonisce una signora anziana di passaggio. «Stai stridendo come un martire.» Che immagine! Nei dipinti i martiri sembrano come se nulla potesse turbarli. Chiaramente, nella memoria storica della gente, urlavano come chiunque altro.

Alle undici e mezza, il sole di novembre si sta liberando dalla nebbia autunnale. Mentre i primi raggi colpiscono la piazza, i gatti scivolano e si sdraiano sui ciottoli. Nel negozio del paese dove vado per fare la spesa, tre signore in grembiule si riuniscono per i pettegolezzi. Servendo loro, la negoziante sostiene una conversazione a tre, della quale carpisco molto poco poiché si svolge in dialetto, ma è chiaro che stanno parlando di me. Finalmente qualcuno mi chiede chi sono. Do le mie credenziali. La donna più grande riflette per un momento, quindi si lancia in un recital delle generazioni della famiglia Di Giovanni, che sembra soddisfare le sue compagne.

Una volta tornata a casa, trovo che una piccola folla di curiosi si è radunata nella stanza di fronte, ancora nella sua condizione annerita dal fumo e semi-distrutta. «Mi ricordo quando è morto mio fratello», dice un uomo di ottantasette anni. Indica un punto vicino alla finestra. «Il suo letto era lì.» Chiedo di cosa sia morto il ragazzo. Il vecchio non lo sa. «Probabilmente la tubercolosi», dice. «Era prima della guerra.»

Mimma mi dice che in quei giorni bisognava fare il bucato di notte nel fiume, dato che durante il giorno aiutavi tuo marito nei campi. Portavi con te i tuoi bambini e li mettevi per terra accanto a te. Tempi duri. Le cose sono cambiate molto da allora. Sono cambiate dalla mia prima volta qui, quando Dina mungeva le sue mucche alle 3 della mattina, nella sua stalla e il parroco allineava gli scolari davanti alla chiesa, nei loro abiti bianchi della Prima Comunione.

Guardo le montagne. Per la pittura, la luce è buona forse come nei luoghi famosi di cui i viaggiatori vanno in estasi. Pochi sono arrivati così lontano. Ma ora, davanti a me, un oceano d'oro, ocra, limone, ambra, magenta, scarlatta, fiamma, verde lime, bronzo, grigio argento – e sono solo i boschi.

Un tunnel sotto il Corno Grande ha tolto la regione dall'isolamento. Questo ha un prezzo. La campagna è minacciata.

Gli abruzzesi possono conservare il loro magnifico paesaggio e mantenere vivi i loro villaggi unici?

Estate, 2007, e abbiamo trascorso le nostre prime notti in casa. Ho un tavolo da lavoro, costruito da un artigiano locale con legno di recupero. La cucina manca di un fornello e un lavandino. Le scale non hanno manici o ringhiere. Ma siamo finalmente arrivati.

Un paese tra le Montagne
Edward Ashe

Nell'aprile del 2009, un terremoto ha colpito la città italiana di L'Aquila, sulle montagne abruzzesi, distruggendo il suo cuore medievale e danneggiando i paesi circostanti. Sant'Eusanio Forconese era tra questi. Molti dei suoi abitanti hanno dovuto lasciare le loro case e trasferirsi in abitazioni temporanee installate nelle vicinanze.

Quando il padre di Norman era fuggito da Sant'Eusanio negli anni '20, il villaggio era stato appena colpito da un altro tipo di terremoto; il fascismo. Nei primi anni del secolo scorso e in seguito, dopo la seconda guerra mondiale, la povertà aveva costretto gli abitanti dei paesi a lasciare l'Abruzzo, molti alla volta degli Stati Uniti. Durante la mia prima visita a Sant'Eusanio, nel 1990, ho incontrato quelle che pensavo fossero le tracce di uno stile di vita che stava per passare per sempre. Stare ai margini di un'era, scrutandoci con nostalgia in un'altra, è un tema ricorrente. Il passato sembra più semplice, in qualche modo più reale, mentre la verità è che non c'era mai niente di semplice nella vita per gli abitanti di Sant'Eusanio. Le persone anziane, che tenevano il bestiame nelle stalle sotto le case, che producevano tutto a mano, dal pane ai fuochi d'artificio, non pensavano di essere una vestigia. Per loro la vita è andata avanti come sempre, proprio come fa sempre la vita, fino a quando arriva un modo migliore di fare le cose, o qualche evento traumatico sconvolge e distrugge tutto.

Sant'Eusanio è ora in fase di ricostuzione. Si sta facendo attenzione a riportare il luogo il più possibile al suo aspetto originale, per far sì che il loro paese assomigli al modo in cui la gente lo ricorda.

List of photographic plates
Elenco delle lastre fotografiche

Page numbers refer to position of photographic plates.
I numeri di pagina si riferiscono alla posizione delle lastre fotografiche.

Thanks to Tom and Derek di Giovanni, David Griffiths, Ruby Griffiths, Rebekah Gilbertson, Giovanni Diffidenti, Kimberly Lavery, Alexi Williams, Lucy Williams and the many people of Sant'Eusanio who gave every kind of generous assistance.

Editor Susan Ashe
Editorial assistant Zoe Ashe
Italian translations Andrea Lolli and Chiara Malinverno
Photographic editor Pamela Griffiths
Image origination/reproduction Peter Lavery
Print visual assist Bruce Nicoll
Design and production Fred Birdsall studio
Printing SIZ Industria Grafica, Italy

ISBN 978-1-5272-2700-2